経営学史学会編〔第十二輯〕

ガバナンスと政策

――経営学の理論と実践――

文眞堂

巻頭の言

経営学史学会理事長　佐々木　恒　男

経営学史学会第十二回全国大会は二〇〇五年五月、会期を三日間とし、国の重要文化財である横浜開港記念会館を会場として開催された。大会開催を引き受けられ、準備万端を整えてお世話くださった齊藤毅憲副会長をはじめ、横浜市立大学の関係者の皆さんに、学会を代表して衷心より御礼申し上げたい。周知のように、わが国の経営学教育において輝かしい伝統を持ち、有為な人材を多数輩出してきた横浜市立大学が、今大会後の〇六年四月に独立行政法人化し、大学組織機構を全面的に改編して再出発するとのこと、まことに感慨深いものがある。

さて、今大会の統一テーマは「ガバナンスと政策」であった。しかも、この問題を、経営学史の視点と比較経営学の視点から検討しようとする意欲的なものであった。基調報告にあるように、企業の統治機構に関する問題は経営学研究において早くから取り上げられ、論じられてきた古典的あるいは正統的な問題である。そして例えば「分けて治めよ」の政治的名言のように、この問題は経営学の研究テーマである以上に、人類史上、早くから議論されてきたテーマでもある。さらにまた、昨今、われわれにとって身近な問題である大学の独立行政法人化や行政の民営化、NPO・NGOの拡大など、かつての会社企業の統治機構という狭い問題領域を越えた、新しい問題が議論されるようにもなってきている。ビジネスの現実を見れば、いち早くアングロ・サクソン型ガバナンス構造を採用して注目された異色の日本企業ソニーが業績で大きく躓き、日本的マネジメント構造の堅持を公言するキャンノンが絶好調の業績を維持している。これをどう見るか。

組織の統治機構がどのようであれ、それだけで組織行動が展開できるわけではない。額縁は絵が入って初めて収まり、絵は額縁に入れて初めて生きる。両者は一体のものである。企業行動・組織行動は組織選択の結果であり、統治機構とは別の、意思決定システムの問題である。所与の統治機構の下で、どのようなポリシーがどのようにして決定され、実行に移されるのか、ここを解明しなければ具体的な組織行動は説明できない。ガバナンスと政策、統治機構とポリシー・メーキングは表裏一体、不即不離のものである。大所高所からするガバナンス論が一人歩きする傾向のなかで、具体的な組織行動の理解、組織の有効性と能率の把握は、統治機構論をポリシー・メーキングの具体的なレベルにまで下ろして検討することを必要としている。それを経営学史的な視点あるいは比較経営学的な視点から行なうところに、経営学原論としての経営学史研究の意義がある。だが、言うは優しいが、いざ行なうとなれば、極めて難しい。

目次

Ⅰ　ガバナンスと政策

一　ガバナンスと政策

片岡信之

一　二種類のガバナンスと政策の違い

大会委員会から私に依頼のあったテーマは、「ガバナンスと政策」である。ガバナンスのあり方が組織体の政策なり戦略なりの形成や基本的方向性にどう関わるかについて問題提起せよ、ということであろう。

ガバナンスの議論は企業に限らず、今では各種協同組合、ＮＰＯ、地方公共団体、国家など多方面に広がってきている。従って、広くはそれらも含めての議論にすべきであろうが、報告者の能力も紙幅もそれを許さないので、本稿では企業のガバナンスに絞って論じることにしたい。

また、コーポレート・ガバナンスといっても、そのとらえ方は必ずしも一様ではない。通常、コーポレート・ガバナンスは広狭二種類の意味で使われることが多い。出見世信之によれば狭義には「株主・経営者関係と会社機関構造」を、広義には「企業と利害関係者」を意味する。(1) このいずれの意味で理解するか次第で、「ガバナンスと政策」のあり方の方向性も異なってくるであろう。

本稿では、この広狭二つのガバナンス理解の違いが、経営政策なり戦略なりの方向性にどのような違いを生むか、について見ていくことにしたい。

二　株主価値中心型ガバナンス論とその政策的方向性

アメリカ型と称される株主価値中心型ガバナンス論が活発になったのは一九八〇年代である。その登場には、大状況的には、アメリカの経済政策の転換という背景があった。

二十世紀末の二〇年間は、アメリカ経済と企業経営がそれまでと異なった特徴を呈した時期であった。それまでにアメリカでは、経済成長率の停滞、労働生産性の鈍化、インフレ体質の定着、製品国際競争力の低下、貿易赤字や財政赤字の急拡大、ドル威信の低下といった否定的現象が問題化していた。その対策として、レーガン政権のもと、「小さな政府」と市場主義を基軸に据えた新自由主義政策が打ち出される。八〇年代のレーガノミックスでは、①政府支出の削減、小さな政府、②規制緩和・民間活力利用による成長率向上、③直接投資の促進、④大規模減税、⑤安定的通貨供給によるインフレ抑制、⑥国際的自由市場化促進による米経済成長を柱とする政策が展開され、このもとで企業レベルでは、事業再編、企業システムや生産システムの再編成、労使関係の転換など、未曾有の構造変化が引き起こされていくこととなった。

この過程で、経営の活性化、合理化、国際競争力強化を狙って、八三年頃から合併・買収（M&A）が活発化した。各企業が成長分野、特にハイテク製造、金融、小売り等の分野へスピーディに進出するための方法として使われたのであった。M&Aブームはマネーゲーム的買収劇を一方で生みつつ、他方では企業活性化にも一定の貢献をし、のちに九〇年代のITを中心とした景気回復に繋がっていった。

M&A活動が盛んななかでは、もし利益や配当が落ちて株価が低迷すると、その企業は買収の危機に遭うことになる。買収に負ければ経営者は追放である。経営者は買収者に対抗してヨリ魅力的な株価を現株主に提供しなければならない。それゆえ、M＆Aは株主利益を重視する経営への動きを促進させることとなった。

ところで、一九五〇年代以来増え続けてきていた機関投資家（米国教職員退職年金基金株式ファンドTIAA-CREF、カリフォルニア州公務員退職年金基金CALPERS、投資信託ミューチュアルファンドなど）は、この頃、資産預託者のために株を有利に運用して高い投資利益を実現するため、ウォール・ストリート・ルールで投資先経営者に圧力をかけ、受取配当増を狙った運用をしていた。しかし、機関投資家の持ち株が大量化するにつれて、逆に彼らは株を簡単に売り逃げることができなくなってきた。そこで、株を長期保有したまま株主権を行使して経営者を牽制するように、機関投資家の行動が変化したのである。いわゆる株主行動主義への方向転換である。投資先企業の業績悪化で怒った機関投資家が、社外取締役と協力して経営者を追求する積極的行動があちこちで見られた（IBM、ウエスチングハウス、コダック、アメリカン・エキスプレス、GMなど）。CALPERSはFailing 50（CALPERS保有株のうちでワースト五〇社）の社外取締役と会合したり、株保有一一〇〇社の成績をコンピュータで常時監視して不満なときはすぐに申し入れをしたり、業績不振会社株を大量買いして取締役会に代表を送り込んで業績改善を喚起するなど、自らの利益確保に積極的となった。また、経営者の高額すぎる報酬の是正、経営者報酬の企業業績連動なども求めた。このような機関投資家の行動変化は、一九九二年一〇月のSECルール改定（株主総会前に機関株主同士が意見交換することの完全自由化）や九四年七月の米労働省文書（年金基金の投資先企業への継続的点検・経営監視の義務づけ）によって促進された。経営者は投資家向け戦略的広報活動としてインベスター・リレーションズに意を注がねばならなくなったのである。

直接にはこのような八〇年代の背景絡みでクローズアップされたとはいえ、コーポレート・ガバナンス問題が提起される下地は、それ以前の一九七〇年代から、もう一方で進行していた。一九七〇年のペンセントラル鉄道経営破綻、一九七三年のウォーターゲート事件関連の企業不正献金露呈など相次ぐ不祥事のなかで、企業活動監視の必要性が強く意識され、社外取締役の強化がはかられ、また企業の社会的責任が議論として高まったのである。当時の米国文献が、取締役会の社会的責任委員会、取締役会の委員会構成のあり方、ガバナンス問題での機関投資家の投票、ビジネス倫理の制度化、株主権等をとりあげ、ガバナンス改革の必要性を主張しているのは、これらの諸要因と関係している。

これらの議論は、《株主―取締役会》という範囲でガバナンス改革を論じているのが特徴である。《企業は株主のもの》という法律上の建前に立つ限り、議論がそこに集中するのは当然であった。発想の基本は《不適切なガバナンスは、企業所有者たる株主に損害をもたらす》という点にあり、安いコストで経営者を監視するシステムの構築（受託責任の確保、取締役会機構の改革）を目指そうとするコーポレート・ガバナンス論が流行となった。

八〇年代からM＆Aが過熱し、マネーゲーム的買収劇の様相を示してくると、この企業観はいっそう促進された。株主は経営者に大きな権限と多額の業績報酬（ストックオプションなど）を与え、株主利益（具体的には高株価、高配当）を上げさせるよう刺激すべきだとされた。経営者のほうもまた、買収と劇的なリストラ、ダウンサイジング、アウトソーシング、グローバル化、自動化等々を通じての《高利益―高株価》の維持によって、巨額の富を得ることができた。株価が高ければすべてがうまくいった。企業経営上の関心がもっぱら株価におかれ、株価中心にすべてが廻っていく仕組みは、株主中心・株価中心の企業観をいっそう強化した。

当時の企業経営者は、株価をつり上げて莫大な利益を得ることしか頭になかった、と評されている。(2) 業界でナンバー1とナンバー2の地位をとれない事業部門の売却および金融サービス業へのシフト（GE）、相次ぐ買収（ワールドコム）、トレーディングとデリバティブの組み合わせ（エンロン）、大胆なリストラによる資産価値の向上等は、いずれも高利益確保によって高株価や高格付けの企業評価を狙ったものだった。高株価は、株主に喜ばれるのみならず、ストック・オプションによって経営者にも莫大な個人利益をもたらした。ストック・オプションは、経営者が大規模なリストラで株価上昇をもたらして、在任中の稼げる間に自らの短期利益を得るための手段として利用された。そのことで経営者は、顧客、従業員、企業の将来、公共性のみならず、他ならぬ株主の長期利益をも犠牲にしたのである。株価を極限まで高め、儲けられるうちに儲けるというマネーゲームのなかで、株価や企業時価総額が会社の実力を測る尺度となり、株主資本主義、株主価値経営、株価重視経営という名で呼ばれる経営方式が喧伝された。

ところが、二〇〇〇年春以後のバブル崩壊で業績悪化と株価下落の企業が続出し、株高を前提としたビジネスモデルを維持することができなくなった。高株価を無理に維持するには、粉飾会計しかない。エンロン、ワールドコム等の不正会計事件の本質はそこにあった。類似例は多いが、[3]ただ両社はそれまで、アメリカ企業を代表する超優良急成長企業としてマスコミにもたびたび登場し、企業統治もよいと見なされていただけに、その衝撃は計り知れないものであった。

アメリカ型コーポレート・ガバナンスの誇っていた建前の柱は、①透明性の高い証券市場（株価の公正な形成）、②企業情報の投資家への開示、③経営状態を公正・客観的に点検・公表する証券アナリスト、④客観的で厳格・適正な格付け機関、⑤厳格な会計制度による正確な企業財務報告、⑥株主に対する経営者の説明責任、⑦経営者の暴走を監視する（社外取締役が多数派の）取締役会、⑧会計帳簿を公正かつ厳正にチェックする監査法人、等からなるとされていた。しかし、それらの殆どが、株価バブル時の癒着関係のなかで、正常なチェック機能を喪失してしまっていた。建前とは逆に、①インサイダー取引や株価操作、情報操作、②金融機関のなかでのアナリスト部門と投資銀行部門との癒着、証券アナリストと顧客企業の癒着、③格付け機関の無能力、④粉飾会計、⑤社外取締役のインサイダー化（巨額な役員報酬、政治献金、寄付による社外取締役たちの買収）や無機能化

（CEOの会長兼任・CEOへの権限集中と社外取締役人事権の掌握）、監査委員会の形骸化、⑥外部監査法人と顧客企業との癒着、⑦経営者を株高経営と短期利潤追求に誘導することに繋がるストックオプションやSPC（特別目的会社）、オペレーティング・リースなどの会計制度上の問題点等が存在した。

この状況下で、経営者は偽装利益をつくりあげ、その利益に株価が反応し、マネーゲームのなかで経営者と一部投資家が儲けたのである。このことは、アメリカ型コーポレート・ガバナンスが透明でも公正でもなく、「クローニー・キャピタリズム（仲間内資本主義）」（かつてアメリカが東南アジアを侮蔑的に呼んだ言葉）であったことを物語っている。(4) その意味で、エンロン、ワールドコムの企業不祥事は、米国式コーポレート・ガバナンスの欠陥を象徴するものでもあった。

ブッシュ大統領は、自分自身や閣内者たちの疑惑打ち消し目的もあって、素早い対応をせざるをえなかった。その動きは二〇〇二年七月の企業改革法（Sarbanes-Oxley Act）となって迅速に法制化された。同法の内容は企業会計改革、投資家保護（経営者への罰則強化、内部告発者保護、監査法人への監視強化、企業情報開示の強化など）であったが、その基本的性格は、既述の米国型ガバナンスの基本枠組みを問い直すものではなかった。むしろそれとは逆に、株主を頂点とする企業ガバナンスの枠組み自体は維持されている。

しかし問題は、抑制を欠いた市場原理主義、株高バブルを下敷きにした短期的金儲け主義、それらを後押しする株主価値最大化イデオロギーと一体のアメリカ型コーポレート・ガバナンスの政策的方向性にあったといえるのではないか。

三　ステイクホルダー型ガバナンス論とその政策的方向性

アメリカ企業は、かつて「泥棒成金」と批判された時代以来、長い社会的試練のなかで、社会に受容されるべくそれなりに努力して、社会的責任を持った企業に発展しようとする道程をたどってきたのであった。(5) 八〇年代の「株主資本主義」は、一九二〇年代以後形成されてきていた《顧客・従業員・株主・社会等のバランスある利益のための経営》という流れからの転換を意味していた。(6) 古典的自由企業観を基礎とした株主偏重主義が、現代社会において巨大な社会的影響力を持つメガ・コーポレーションにも依然として妥当するとしてよいかどうか、(7) 株主は偏重に応えるだけの責任を果たしているのかどうか等については、疑問のあるところである。

既に別の機会に詳述したところであるが、(8) 現代企業はかつての個人企業・ファミリー企業時代のそれとは全く構造的に異なっている。生産諸力（機械、設備等）の発展による最低必要資本量の巨額化、証券市場の成立と株主数の膨張、財閥ファミリーの消滅・機関株主化の進行と機関への株式集中、内部金融（内部留保、減価償却）の増大、創業者利得や企業者利得の帰属のしかたの変化、信用制度の発展による巨額他人資本の導入、《現実資本と擬制資本とへの資本の二重化》と《現実資本の相対的自律化》の進行、現実資本運動からの株主の疎外、現実資本をコントロールする専門経営者の登場と株主からの相対的自律化、……等々。巨大企業においては、株主は企業のなかの存在から外の存在へと位置づけが変わり、企業を取り巻く諸利害集団の一つとして扱われるようにすらなってきたのである（株主をそのように位置づけている経営学書は、既に多い）。

このような株主の実質的位置づけの変化を前提すれば、株主至上（偏重）主義のガバナンス論とは別のタイプのガバナンスが唱えられることとなる。ステイクホルダー型ガバナンス論といわれるものがそれである。このもとでは経営者は株主利益のためだけに奉仕するのではなく、他の利害関係者すべての間の公正・公平なバランス（それぞれの利害関係者が担った貢献やリスク、受け取る便益・効用等）を配慮した経営、利害関係者すべての効用の総和の最大化を目標とする経営を要求されることとなる（ステイクホルダー・マネジメント）。現代企業は資本調達、生産、流通、消費、雇用、文化、教育、地球環境、……と、あらゆる場で社会的関係をますます拡大しており、関わる人々も株主だけでなく、従業員、労働組合、取引関係者（下請け、販売、金融）、ライバル企業、顧客・消費者、地域社会、地方自治体、政府、環境保護団体、マスメディア等々多様になってきている。企業行動の過ちがたちまち社会的に甚大な被害を与えることから、企業を単に株主だけの私有財産（株主利益のみを重視し、株主の恣意で基本政策が決まる）としてではなく、一種の社会的責任を担った存在と位置づけて対処しようとすることは、当然のこととして了解されるであろう。

こうした方向から主張されるガバナンス論では、多種のステイクホルダーに対する企業の社会的責任や経営倫理を果たさせるための制度化、多方面の利害関係者の参加といったところに力点が行くことになる。公共利益代表取締役ないし利益代表取締役、労働者の経営参加制度の充実、ディスクロージャーの開示内容の充実・開示領域の拡大・開示頻度の増加・開示先の拡大（投資家保護から社会的牽制へ）、企業倫理基準・行動基準・評価基準の制定、内部告発の受容、外部者による監視・評価・勧告・助言の制度の設置、公的規制（独占禁止、環境汚染規制、消費者保護、人種差別規制、労働環境改善、雇用機会均等）などである。株式市場や株主権を利用する際にも、社会的責任投資（ＳＲＩ）、株主代表訴訟や少数株主権を使った社会的責任の追求といったように、ひと味違う利用のしかたとなる。ここでは株主利益のためのみに焦点を合わせた政策の色彩は後退し、ＣＳＲ（Corporate Social Responsibility、企業の社会的責任）の視点が強く打ち出されていくこととなる。株主利益への考慮が消滅するわけではないが、株主・投資家がステイクホルダーの一部を構成する限りで考慮されるにすぎない、という位置づけになろう（株主地位の相対化）。

ステイクホルダー型ガバナンスの政策は未だ十分に体系化されているとはいえないが、今後の経営学の取り組むべき課題となろう。

四　企業の社会的存在性に適合的なガバナンス論の必要性

以上、①コーポレート・ガバナンスに広狭二種類があること、②それぞれは「誰のためのガバナンスか」という点で理解が大きく異なること、③従ってそこから展開される政策体系もおのずから異なってくることを述べた。今日の日本でも議論は両様あり、賛否も分かれている。平成一三、一四年度の商法改正やマスコミの伝える個々の大企業の動向は、委員会等設置会社への移行、社外取締役の増加等、概ねアメリカ型（株主価値中心型）ガバナンスの選択に向かって検討を重ねているように見える。ただし、現状では、多数の企業がそこに移行したというわけではなく、動きはことのほか慎重である。また経済同友会は、「経済的価値」とともに「社会的価値」「人間的価値」を重視し、行き過ぎた株主第一主義に警告を発し、「すべてのステイクホルダーに対する義務を履行するという理念を固め、それを実現するためのガバナンスを確立していくこと」を強調している（近年の同会『企業白書』参照）。

企業の社会的存在性が大きくなった今日、社会的責任（ＣＳＲ）の点からもステイクホルダー型ガバナンスの今後の理論的・実践的普及が望まれる。それは生産力の社会化の著しい進展、社会的経済関係のますますの拡大という企業発展の歴史的方向性にも沿っていると思われる。その意味からすれば、アメリカ型のガバナンス論はこの点への視点が欠けている。上述の一九八〇年代以後にアメリカで見られた特異な背景と関連したイデオロギー、という性格をもった議論であったと言えるのではなかろうか。

注

（1）出見世信之『企業統治問題の経営学的研究』文眞堂、一九九七年、八頁。

（2）Kennedy, Allan A., *The End of Shareholder Value*, Perseus Publishing, 2000.（奥村宏監訳・酒井泰介訳『株主資本主義の誤算―短期の利益追求が会社を衰退させる―』ダイヤモンド社、二〇〇二年、六―八頁。）

（3）九〇年代後半から株高を利用して買収活動を続けた有名企業で不正会計問題が続出したことが象徴的である。グローバル・クロッシング、クエスト・コミュニケーションズ・インターナショナル、タイコ・インターナショナル、ＡＯＬタイム・ワーナー、ワールドコム、ダイナジー、ＣＭＳエナジー等々。

（4）「仲間内」性は、例えばエンロンに例をとると、次のような点を見るだけでも明らかである。①社外取締役がエンロンから巨額の報酬を得ていたこと、②社外取締役の属する組織にエンロンから多額の寄付があったこと、③エンロンの経営層がインサイダー取引を行っていたこと、④経営幹部たちが高値で自社株を売り抜けていた反面、破綻二ヶ月前にもエンロンは自社株買いを一般従業員に推奨していたこと、⑤破産申請直前に幹部らに臨時賞与を渡していたこと、⑥議員ら政界に対する政治献金があったこと（共和、民主両党に亘って、米国上院議員七一名（全議員の七〇％）、下院議員一八七名（四三％）が政治献金を受けていたことが判明。政治献金は合計五八〇万ドル。またエンロンはブッシュ大統領支援の筆頭格で、二〇〇〇年大統領選では最大の献金者だった）。

（5）これについては、さしあたりMitchell, N. J., *The Generous Corporation: A Political Analysis of Economic Power*, Yale University Press, 1989.（井関利明監修・松野弘・小阪隆秀監訳『社会にやさしい企業』同友館、二〇〇三年）を参照。

（6）この点の指摘は、Drucker, P. F., *Post-Capitalist Society*, Harper Business, 1993.（上田敦生・佐々木実智男・田代正美訳『ポスト資本主義社会―21世紀の組織と人間はどう変わるか―』ダイヤモンド社、一四五頁。）以下、Drucker, P. F., *Management Challenges for the 21st Century*, Harper Business, 1999.（上田敦生訳『明日を支配するもの』ダイヤモンド社、一九九九年、六八頁）等を参照。

（7）株主至上主義の発想は当時の新自由主義経済（学）の動向と通底するものであった。フリードマンは、《経営者は企業所有者（株主）の代理人としてその利益に奉仕する以外の責任を持てないのであり、利潤を減らして「社会的責任」を果たすことは無責任で、ひいては自由社会の基礎を崩しかねない（社会主義に道を開く）ものだ》と批判する。Friedman, M., "The Social Responsibility of Business is to Increase Its Profits," *The New York Times Magazine*, Sept. 13, 1970.

（8）片岡信之『現代企業の所有と支配』（現代経営・会計選書三）白桃書房、一九九二年。

二　アメリカにおける企業支配論と企業統治論

佐久間　信　夫

一　はじめに

一九八〇年代後半に突然議論が活発になった企業統治（corporate governance）論の中核的部分は、一九三二年のバーリ＝ミーンズの『現代株式会社と私有財産』（A. A. Berle & G. C. Means, *The Modern Corporation and Private Property*, 1932.）以来、約六〇年間にわたって論争が展開されてきた企業支配（corporate control）論において議論されてきた問題である。バーリ＝ミーンズ以降、アメリカではじまった企業支配論争はイギリスやドイツにも波及し、とくに第二次大戦後の日本経営学における最大の論争の一つとなった。六〇年という長期にわたって激しい議論がたたかわされてきたにもかかわらず、企業支配論は八〇年代を境に企業統治論にとってかわられ、両者の理論的継承性やこのような変化の背景はほとんど検討されていない。とくに、六〇年という異例の長さで展開された企業支配論は、巨大企業の株式所有構造や会社機関の構造と現実の機能、トップ・マネジメントの意思決定過程などに関しての多大な成果をあげてきたにもかかわらず、これらの研究成果についてはほとんど整理されないまま、企業統治に関する議論が進められているのが事実である。企業統治論はバーリ＝ミーンズの所説を手がかりとして説き起こされることも多いが、バーリ＝ミーンズ以降六〇年に及ぶ企業支配論の研究の蓄積に言及されることはほとんどない。本稿はこのような問題について経営学史的な整理を試みるものであるが、まず、最初に企業統治と企業支配の概念規定をしなければならないであろう。

今日企業統治（コーポレート・ガバナンス）はきわめて多くの異なった定義がなされており、研究方法も多様である。土屋守章氏は、企業統治の定義とアプローチを整理しているが、[1]本稿では出見世信之氏にしたがって、企業統治を狭義には「株主・経営者関係と会社機関構造」、広義には「企業と利害関係者との関係」と定義する。[2]換言すれば、企業統治は狭義には株主による会社機関を通した経営者への監視であり、広義には利害関係者による企業の監視であるということができる。経営者あるいは企業に対する監視の方法には株主総会や取締役会など会社機関を介した方法と株式市場などの市場を介した方法がある。

これに対して、企業支配（コーポレート・コントロール）論における支配（コントロール）の概念は、バーリ＝ミーンズに従うならば、「取締役会を選出する力」であり、最終的には経営者を任免する力である。バーリ＝ミーンズは経営者の事実上の任免を行っているのが、法律の規定とは異なり、経営者自身であるとする経営者支配論を主張した。その後、支配の概念は（経営者の任免を含む）会社の広範な意思決定を行う力と定義されることが多くなった。ここでは、支配を経営者を任免する力および会社の広範な意思決定を行う力と定義することにする。

企業支配論争は会社の支配主体、すなわち会社を支配しているのは誰かをめぐる論争を中心に展開されたのであるが、この論争の中で、大株主の結束の問題や支配に必要な持株比率の問題についても議論がたたかわされた。所有者支配論者は主として持株比率から支配主体を究明しようとしたのに対し、経営者支配論者は現実の支配過程の分析から支配主体を解明しようとした。経営者支配論者は形式的に「支配力を持つ」ことと、実際に「支配力を行使」していることを区別し、実際に「支配力を行使」している者が真の支配主体であると主張した。実態を重視するかれらの主張はきわめて重要であると考えるべきである。金融支配論者の一部は支配力の源泉や支配力行使の方法の分析から金融支配を主張したのに対し、経営者支配論者は同様の分析によってこれに反論した。

二　企業支配論の系譜

まず、企業支配論争における主要な理論を時系列的に取り上げ、上述の巨大企業の株式所有構造や会社機関の構造と現実の機能などがどのように究明されてきたのか考察していくことにしたい。アメリカでは古くから金融機関による産業支配の問題がアメリカ経済における重要な問題と捉えられてきた。一九一三年の下院銀行通貨委員会の小委員会のいわゆるプジョー報告書（Pujo Report）以来、政府や議会、ＳＥＣなどによる大規模な調査が継続的に実施されたことはこの問題に対してアメリカ社会の関心がきわめて強かったことを示している。そしてこれらの多くの調査報告書は企業支配に関する貴重なデータを提供することになった。[3]

バーリ＝ミーンズは一九二九年時点でのアメリカの資産額で上位二〇〇社の株式の分散状況についての調査から、二〇〇社のうち会社数で四四％、資産額で五八％の会社が、彼らの窮極的支配形態分類において経営者支配型の企業であることを指摘した。彼らの研究の出発点は、取締役は株主によって選任されるという法律上の規定と、大企業では取締役が事実上経営者によって選任されているという現実との相違に着眼したことである。バーリ＝ミーンズは株式の分散についての実証研究から経営者支配説を導き出したのであるが、大企業における現実の「支配」が研究の出発点であったことは重要な意味がある。今日の法律学の分野における企業統治論の端緒が法律と実態の乖離であったことと軌を等しくするものである。

一九四五年に出版されたゴードン（R. A. Gordon）のビジネス・リーダーシップ論は第二次大戦後の著作であ

るが、その内容は第二次大戦前の諸事実を前提にしており、また一九四〇年に発表された臨時国民経済委員会（Temporary National Economic Committee：以下ＴＮＥＣ）報告書に対する批判的検討から出発していることもあり、個人所有の段階の企業支配論と理解することができる。ゴードンはＴＮＥＣの所有者支配論を批判したが、支配よりも、実際に大企業の最高意思決定と調整の機能（ビジネス・リーダーシップ）を誰が担当しているのかの方が重要であると主張し、それが経営者によって担当されていると指摘した。

第二次大戦後、アメリカでは個人株主の増大や従業員持株制度の普及に加えて、投資信託や年金基金の株式所有が増大したが、この現象をとらえ、当時、大資本家ではなく、アメリカの一般大衆が産業会社の所有者となる時代が到来したとする、いわゆる人民資本主義（people's capitalism）が盛んに唱導された。人民（一般大衆）の所得が増大し、人民による株式所有や経営者支配を内容とする新資本主義体制にアメリカが移行しつつあるとするこの人民資本主義論に対して、バディッシュ（J. M. Budish）は所有者支配の立場から、パーロ（V. Perlo）は大株主と銀行の結合による支配の立場から痛烈な批判を行った。この論争を通して、一九五〇年代当時のアメリカ大企業の株式分散の状況や機関投資家への株式集中、すなわち個人所有から機関所有への移行の状況が明らかになった。

一九六〇年代になると機関投資家の中でも特に商業銀行信託部門への株式集中、すなわち機関化現象が顕著になり、銀行による産業会社支配の懸念が極めて強くなった。アメリカの下院銀行通貨委員会国内金融小委員会（通称パットマン委員会）はこのような視点から一九六〇年代に四回にわたって大規模な調査を実施した。それは商業銀行信託部門の産業会社株式所有状況および商業銀行と産業会社の役員兼任状況についての調査であり、調査結果はアメリカの商業銀行は産業会社を広範に支配しており（銀行支配説）、商業銀行自体には経営者支配が成立しているというものであった。七〇年代には同様の視点からメトカーフ委員会調査が実施された。

これに対しブランバーグ（P. I. Blumberg）は、これらの議会による調査報告書やＳＥＣの調査報告に大きく依拠しながら、経営者支配説を主張した。これまでの企業支配論はともすれば株式所有構造や、銀行と産業会社の取締役兼任数などを分析することが多かったのに対し、ブランバーグは金融機関の所有する株式の議決権が実際にどのように行使されているのか、銀行と産業会社との間の取締役連結が産業会社の支配にどのような役割を果たしているのかといった、株式会社経営の実態に基づいた分析を行なったところに大きな特徴がある。特に当時の機関投資家が株式を所有しても経営者に反対して議決権を行使することはほとんどないという、いわゆるウォール・ストリート・ルールや委任状勧誘機構を経営者が掌握している事実から経営者支配説を主張したことはきわめて重要であるといえる。

これに対してコッツ（D. M. Kotz）はブランバーグと同様の資料に依拠しながら、金融（銀行）支配説を主張した。これまで支配はバーリ＝ミーンズにしたがい、経営者の任免権を掌握することと定義されることが多かったが、コッツは一九三九年の国家資源委員会（National Resources Committee）報告書に準じて、支配を企業の経営政策を決定する権限と定義した。彼は銀行の産業会社に対する株式所有、取締役派遣、融資、非公式の圧力などの支配手段を分析することによって、アメリカの最大二〇〇社の多くが銀行支配に分類されることを主張した。彼の研究は従来のそれと比べて、銀行から派遣された取締役が産業会社のどのような役職を担当しているのか、また銀行が株式所有、取締役派遣、融資など複数の手段を組合わせて支配力を行使していることを指摘するなど、斬新的かつ実態を重視する手法による分析であった。

ハーマン（E. S. Herman）はコッツとの論争から多くを学び、独自の経営者支配論を確立したと考えられる。ハーマンは、経営者の権力は企業組織の戦略的地位を占有することによって与えられると主張する。彼は企業の戦略的意思決定を行なっているのが経営者であり、金融機関はこの意思決定に制約を与えているに過ぎないと述べ、経営者の支配を「文字通りの支配」、金融機関の支配を「部分的支配」と名づけた。また、彼は企業統治論の最大の焦点となっている取締役会の分析を詳細に行なっている。ハーマンと同時代のミンツ＝シュワルツ（B. Mintz & M. Shwarz）は、金融支配に傾斜した立場から金融ヘゲモニー説を主張した。すなわち、アメリカの多くの事例を研究することによって、銀行が資金調達を通して産業会社の意思決定にヘゲモニーを行使していると結論づけた。

三　企業統治論の展開

企業支配論争はアメリカでは、一九八〇年代前半にほぼ終息し、機関投資家の企業統治活動の活発化を契機として八〇年代後半からは企業統治論が台頭した。機関投資家の企業統治活動は、九〇年代に日本、ドイツ、イギリスにまで波及し、九〇年代末にはアジア金融危機を契機にアジア諸国までもが企業統治改革に奔走することになった。これらの諸国では、これまで企業支配論の中でも特に経営者支配論者が指摘してきた巨大企業のもついくつかの問題点を是正する形で、企業統治改革が進められることになった。ただし、企業統治論はこれまでの企業支配論があまり取り上げてこなかった、ステークホルダーや各国の経済制度などについての議論も包摂している。したがって、企業統治は従来の企業支配論の延長上に位置づけられるものの、各国の市場形態や法制度の相違、ステークホルダーの活動の相違などによって国ごとに異なったものとなっている。近年、反グローバリズム運動などにみられるように、自然保護運動や人種差別撤廃運動、消費者運動などが極めて活発になり、こうしたステークホルダーの企業に対する要求が実際に多くの成果を生むようになった。唐突とも思える企業支配論から企業統治論への移行ではあるが、しかし、それはまさに時代の要請であり、こうした現実社会の変化の企業理論への投影に他ならない。

アメリカにおいて、広義の企業統治活動が活発に行われたのは一九六〇年代であった。六〇年代は、公民権運動やベトナム反戦運動、消費者運動などが盛んになったが、これらの社会運動が企業の株主総会を舞台に展開された。たとえば、イーストマン・コダックにおける黒人差別反対運動、ダウ・ケミカルにおけるナパーム弾製造・販売中止運動、GMにおけるキャンペーンGMなどが、それぞれの企業の株主総会で株主提案権の行使という方法で展開されたのである。これらの企業統治活動は一定の成果を収めることになるが、アメリカにおける社会運動の沈静化とともに静まっていく。この時代には、未だ企業統治という用語そのものが認識されていなかった。

七〇年代にはペンセントラル鉄道の倒産やロッキードエアクラフトの経営危機などを契機に狭義の企業統治に関する法律や制度の整備が進められることになる。すなわち、まずSECは委任状規則を再三にわたり改正し、委任状説明書によるディスクロージャーの拡大を進めた。それは取締役会の機能強化を通して企業統治を改善するよう方向付けられたものである。また、ニューヨーク証券取引所も社外取締役の導入の拡大などを企業に求めた。

さらに、企業における法律と実態との乖離の問題を議論してきた法律家たちは、企業統治改革に積極的に取り組むことになった。アメリカ法曹界（American Bar Association）は一九七五年に『取締役ガイドブック』（Corporate Director's Guidebook）を発表し、アメリカ法律協会（The American Law Institute）は一九七八年から『企業統治と構造の原理』（Principles of Corporate Governance Structure）の作成に着手した。七〇年代後半には取締役改革が進められ、法律家の間に企業統治の用語が浸透していった。

また、後に機関投資家の行動を大きく変えさせることになったＥＲＩＳＡ（Employee Retirement Income Security Act：従業員退職所得保障法）が制定されたのは一九七四年であった。ＥＲＩＳＡは年金基金の運用者の受託責任を明確に規定したため、年金基金は従来のウォール・ストリート・ルールという行動パターンをやがて放棄せざるを得なくなる。

アメリカにおいて株主の企業統治活動が活発化したのは一九八〇年代後半のM&Aブームに際してであった。アメリカにおいて企業統治という用語が一般に知られ、また用いられるようになったのはこの時期からである。当時、企業買収の標的となりそうな企業の経営者たちはポイズン・ピルやゴールデンパラシュート等といった買収防衛策を用いて自らの利益を守ろうとしたが、これらの買収防衛策は標的企業の株主には著しい不利益をもたらすものであった。株主の企業統治活動はまず、これらの買収防衛策に反対する機関投資家を中心とする株主の株主提案権の行使として現れた。その後、機関投資家なかんずく年金基金へのさらなる株式集中が進むと同時に、株主提案権はM&Aにかかわる問題だけでなく、より一般的な経営政策にかかわる問題に対しても活発に行使されるようになってきた。そればかりでなく、経営者の政策に反対する株主提案が株主総会において過半数の賛成を獲得するような事例も見られるようになった。一九九〇年代の初頭には、年金基金の激しい企業統治活動によってアメリカの巨大企業の著名な経営者が次々に解任されるような事態ももたらされた。さらに一九九〇年代の後半にはアメリカ大企業一〇〇〇社の発行済み株式に占める機関投資家の保有比率は六〇パーセントにも達し、機関投資家の圧力による経営者の更迭はより一般的なものとなった。

このように一九八〇年代以降から、機関投資家の中でも中心的な活動主体は従来の商業銀行から年金基金に移った。さらに年金基金の中でも他の企業との企業取引などを配慮しなければならない企業年金基金よりも、こうした活動上の拘束のない、カルパース（Calpers：カリフォルニア州公務員退職年金基金）やTIAA‐CREF（Teachers Insurance and Annuity Association‐College Retirement Equity Found：教職員退職年金基金・株式ファンド）などのようないわゆる公的年金基金が最も活発な企業統治活動を展開することで知られている。彼らの活動の目的は当初M&Aに際して株主の利益を守ることであったが、その後は経営者が常に株主の利益を考慮して、すなわち長期的な企業業績の維持・向上を目指して企業を経営するように経営者を監視することに変わってきている。機関投資家が直接要求するのはこのような意味における経営者に対する監視システムの改善であり、それは特に取締役会の改善に集中している。

アメリカの企業統治改革は、九〇年代に取締役会改革を中心に急速に進展した。アメリカの企業統治の特徴は、会社支配権市場、すなわちM&Aを介した経営者に対する規律づけが機能している点や、SECが株主と経営者の攻防におけるルール作りをする点にある。アメリカは企業統治の最先進国といわれてきたが、二〇〇一年一二月のエンロンの破綻以降、企業統治の不全による企業不祥事や企業破綻が相次いで発生し、アメリカ資本主義体制そのものの危機が叫ばれる事態となった。この一連の事件を通して、たとえひとたび優れた企業統治の制度を作り上げたとしても、それを維持し機能させ続けることがいかに困難な仕事であるかということが認識されることになった。

企業統治は株主総会における株主提案権の行使や、委任状勧誘、取締役会における社外取締役の構成や委員会の機能を中心に議論されることが多い。これら企業統治論の中枢部分は企業支配論から継承されたものである。企業支配論争において、所有者支配説や金融支配説は、株式所有比率や取締役連結の数などを数量的に把握し、それぞれの論拠とする傾向があった。しかし、ただたんにこれらの状況を数量的に捉えるだけでは企業支配の実状を明らかにすることはできない。それが、企業支配において現実にどのように機能しているのかについて検証がなされなければ、真の支配主体を解明することは不可能である。バーリ＝ミーンズやブランバーグそしてハーマンらは株主総会、取締役会、経営者の権力源泉、委任状勧誘機構などの現実の機能を分析することから経営者支配説を導き出している。経営者支配論者は、株主総会や取締役会などの経営者を統治するための会社機関が、逆に経営者によって掌握され、それによって経営者支配が成立していると主張した。会社機関などの現実の機能を分析し、経営者に対する監視機能の改善を目ざそうとする企業統治論は、企業支配論と同様に会社機関の現実の機能の解明に立脚した議論を展開しており、この点に関しても企業支配論は企業統治論と軌を一にするものである。

四　企業支配論の延長としての企業統治論

一九八〇年代以降、企業支配論に代わって、企業統治論が盛んになってきたということは、これまでの長期に及ぶ企業支配論争が一応の結論に達したことを意味している。というのは、企業統治論は企業の支配者が経営者であるという前提の下に、経営者の権力の正当性と経営者に対する監視を問題にしているからである。経営者が支配者として強大な権力を行使しているのでなければ、もとよりその正当性や監視といったことは問題にはなりえない。

企業支配論争においては支配主体の究明のための論争にばかり注意が向けられてきたため、他の論点が見落とされてきたきらいがある。しかし、経営者支配論の立場に立つ論者は早くから、経営者支配によって必然的にもたらされる巨大会社の経営者の強大な権力の正当性とその社会的制御を問題としてきた。バーリ＝ミーンズの『近代株式会社と私有財産』において展開された株式会社革命論は多くの利害関係者に責任をもち経営者が支配する「準公的株式会社」(quasi-public corporation) への移行が進みつつあることを指摘している。バーリの経営者権力の正当性の問題はその後の『二十世紀資本家革命論』(一九五四年) においては「会社良心論」として、『財産なき権力』(一九六九年) においては「社会的合意論」として発展的に展開されている。(4)

メイソン (E. S. Mason) はバーリのこのような主張を引き継ぎ『現代社会における株式会社』(一九五九年)

の中で経営者の正当性の問題を論じている。この問題はさらにエプスタイン（E. M. Epstein）やブランバーグによって引き継がれ企業の社会的責任論へと発展していくことになる。

現実の企業統治運動は一九八〇年代の株主活動の活発化にともなって注目されるようになってきたのであるが、理論としての企業統治論は既に企業支配論（経営者支配論）の中にその萌芽が見られ、経営者支配論の展開の中で正当性概念を軸として扱われてきたと考えることができる。

今日の企業統治論は、巨大企業における経営者支配を前提に、株主による経営者の監視や株主の経営者に対する支配力の回復を問題にしているため、これまでの企業支配論の中で明らかにされた現実の企業に対する分析結果に依存するところが大きい。企業統治運動においては企業統治の改善策として取締役会会長とＣＥＯの分離、独立した社外取締役が三分の二以上を占める取締役会、独立した取締役のみによって構成される監査委員会や報酬委員会の設置などの目標が設定され、現在アメリカの大企業においては、会長とＣＥＯの分離以外は大半の企業でこれらの目標が実現している。取締役会のメンバーがＣＥＯと関係の深い人物によって構成されることにより取締役会の意思決定がＣＥＯによって支配されていたり、指名委員会に対してＣＥＯが強い影響力を持つことによって取締役の選任権を事実上ＣＥＯが掌握しているというような事実は、経営者支配論がこれまで経営者支配の根拠として指摘しつづけてきたことであった。機関投資家などの要求する企業統治改革はこれらの経営者支配の基礎を崩し、株主による監視システムの構築を目指す運動にほかならない。

経営者支配の概念を最初に提示したバーリ＝ミーンズも株主総会における委任状収集活動や取締役会の現実の選出状況などを根拠にアメリカの大会社の多くにおいて経営者支配が成立しているという結論を導き出したのである。株式の分散によって有力な大株主が存在しなくなり、そのことによってただちに経営者支配がもたらされるかのような主張をする研究者も少なくないが、株式の分散という量的な変化がそのまま支配主体の交替という質的な変化をもたらすわけではない。

バーリ＝ミーンズは、株式の分散した会社においては、多くの個人株主は自分の議決権を他人に委任すること、また取締役選出が委任委員会によって行なわれ、委任委員会を選出している現在の経営者が事実上、次期取締役の選任を行なっていると述べ、このような会社には経営者支配が成立していると主張しているのである。

企業支配論争は経営者支配の現実が明白になり、経営者権力の抑制のための機関投資家の活動が活発になるにつれ沈静化し、企業統治論にとって代わられることになった。そこで企業支配論から企業統治論への移行の過程を機関投資家の行動の変化から見ていくことにしよう。機関投資家の行動は一九七〇年代の企業支配論が最も強い関心をよせた問題であったが、一方、八〇年代後半以降の企業統治は機関投資家の現実の企業統治活動そのものであるといっても過言ではない。

機関投資家への株式集中が顕著になった一九六〇年代から一九七〇年代初めにかけての株式会社の支配状況を分析したブランバーグは、機関集中の状況の下でも経営者支配が確立していると主張した。彼は「典型的な大株式会社の経営者がもっている権力は、株主による挑戦もしくは拘束を被ることがほとんどない」と述べ、経営者は三つの要因によってその支配を維持していると述べている。(5) 第一は株式所有の個人への広範な分散である。第二は、「機関株主が投資対象会社の経営者や全社的方針に不満を抱いた場合には、経営者を更迭したり方針を変更させたりしようとせずに、むしろ株式を売却する」という、いわゆるウォール・ストリート・ルールに基づいた機関投資家の行動様式である。第三は委任状勧誘機構を経営者が支配していることである。

一九七五年にブランバーグが指摘した、経営者支配の基礎となっているこの三つの要因は一九八〇年代から一九九〇年代にかけていずれも大きな変化を遂げた。まず第一に、個人株主への株式の分散は停止し、これに代わって機関投資家への株式の集中が急速に進んだ。これには一九七四年に成立したＥＲＩＳＡ法の影響によるところも大きいと考えることができる。

第二に、機関投資家の行動の基礎となってきたウォール・ストリート・ルールは一九七〇年代末から崩れ始めた。一九八〇年のSECの報告書は、(6)機関投資家がウォール・ストリート・ルールを放棄し始めた理由として、①機関投資家があまりに大量の株式を所有しているため、損失を出さずに株式を売却することが困難になったこと、②機関投資家は、会社が優良な投資対象である場合には、株式を売却するよりも良い方法があることに気付いたこと、③株主運動家が機関投資家に対して、経営者に反対の立場を取る彼らの立場を支持するように働きかけたこと、の三点を挙げている。機関投資家のウォール・ストリート・ルールからの離脱は一九八〇年代半ばになると一層鮮明になった。すなわち、一九八五年には四〇以上の公的年金基金からなる The Council of Institutional Investors（CII）が創設された。CIIは企業統治活動を積極的に推進し、SECや議会に対してロビー活動を行なった、またこの時期には経営者に反対して投票する機関投資家も目立ち始めたのである。

経営者支配を支えてきた第三の要因である、経営者による委任状勧誘機構の支配にも大きな変化が起こった。従来、株主が経営者に対抗して委任状を勧誘しようとする場合、株主は二つの点で経営者に対して不利な立場に立たされていた。すなわち、経営者は委任状説明書を作成し、委任状を印刷・郵送する費用やSECへの届出のための費用などを会社の経費として支出することができるのに対し、株主がこれを行なおうとする場合にはその莫大な費用を自ら負担しなければならなかった。さらに、経営者に対抗する株主が委任状を勧誘しようとする場合、株主間のコミュニケーションに制限が設けられており、株主にとって著しく不利なものとなっていた。一九九一年六月の第一次委任状規則改正案、一九九二年六月の第二次委任状規則改正案を経て一九九二年一〇月二五日に発表されたSECの委任状規則改正は、経営者に対抗する株主が経営者と公平に戦えることを目指したものであった。米国においてはこれまでもきわめて活発な株主提案が行なわれ、しかもそれが無視できない賛成票を集めてきたため、このSEC委任状規則改正は経営者に対する株主の圧力を飛躍的に高めることになった。この一九九二年のSEC委任状規則の改正は一九八〇年代後半から活発な活動を展開してきた機関投資家の強力なロビー活動の成果の一つでもあった。

五　おわりに

このように今日の企業統治論が従来の企業支配論の延長上において議論されていることは明らかである。経営者が株式の分散を基礎に株主総会や取締役会の現実の運営を通して支配を行使しているとする経営者支配論に対し、これらの会社機関の制度や運営方法を改善することによって、株主とくに機関投資家が経営者に対する監視を強化し、支配力（経営者の任免権）を回復しようとするのが企業統治活動である。この企業統治活動の理論的な基礎は経営者権力の正当性であり、権力の正当性を確保するための説明責任である。

デービス（K. Davis）が指摘しているように、社会的責任論は既に二十世紀初頭に慈善原理にもとづいて展開され、第二次大戦後、これに幹事役原理が付加されることにより経営者権力の正当性の問題が本格的に議論されることになった。この問題は一九六〇年代にはデービスの権力＝責任均衡論、イールズ（R. Eells）の企業統治論に発展していった。[7] 今日の企業統治論はかれらの社会的責任論の流れをも汲むものである。

ところでこのような機関投資家（株主）の支配の回復は従来の企業支配論における所有者支配の復活を意味するものではない。かつての所有者支配は資本家支配であり、その目的は利潤の極大化であった。これに対し機関に投資している人々は州や地方自治体の職員、あるいは企業の一般従業員であり、一般市民として性格づけられる人々である。かれらは環境問題、消費者問題、人種問題あるいは地域社会の問題などに関心をもつ（そして現にこれらの問題にかかわりをもつ）普通の市民である。そして企業統治運動において最も大きな影響力をもつといわれるカルパースの前理事長がカリフォルニア大学の元経済学部長（現理事長は元全米食品商業労働組合の副理事長ショーン・ハリガン）であることが示しているように、公的年金基金の運営責任者もまた資本家ではなく一般市民という性格をもつものである。投資リターンの極大化のみを目ざすのであれば、その任にふさわしい人物は他に求められたはずである。したがって公的年金基金の経営者に対する要求も、投資に対する利益（配当や株価）は最大限重視するものの、さまざまな利害関係者の利益もまた代弁するものであるということができる。事実、これまでの機関投資家の経営者に対する要求は環境問題や社会問題などを含むものであった。

さらに、機関投資家の経営者に対する「支配」力行使の方法はかつての所有者支配における支配力の行使とは全く異なっている。所有者支配においては資本家が執行役員や取締役を派遣したり、かれらを直接任命したりすることによって支配を行なった。これに対し機関投資家による「支配」力の行使は、専門経営者である社外取締役に、経営の専門家としての見地から経営者の経営効率などについて監視させたり、専門経営者である社外取締役によって構成される指名委員会に新任の取締役を選出させたりする方法で実行される。このことは経営者の選任を経営者（社外取締役）が行ない、経営者の監視を経営者（社外取締役）が行なっているという意味で経営者支配と呼べなくもないものである。しかしＣＥＯが実質的に取締役を選任していた従来の「経営者支配」とももちろん異なるものである。このことは機関投資家の活動の目的が「経営者」に対する支配にあるのではなく、機関投資家の要求に沿って企業を経営させるように経営者を監視する（企業統治）ことにあることを示している。このように、機関投資家の要求は専門経営者を介して行なわれるため、機関投資家によって統治される企業の行動は投資利益の拡大を重視しつつも、従業員や地域社会などのステークホルダーの利益にも配慮するという経営者支配企業の行動とほぼ一致するものとなるであろう。

注

（1）土屋守章・岡本久吉『コーポレート・ガバナンス論』有斐閣、二〇〇三年、二七―四四頁。
（2）出見世信之『企業統治問題の経営学的研究』文眞堂、一九九七年、八頁。
（3）国家機関による主要な調査報告書には以下のようなものがある。
プジョー報告書（Pujo Report）、一九一三年。NRC（National Resources Committee）報告書、一九三九年。TNEC（Temporary National Economic Committee）報告書、一九四〇年。パットマン報告書（Patman Report）、一九六九年。機関投資家調査報告書（Institutional Investor Study Report）、一九七一年。メトカーフ報告書（Metcalf Report）、一九七四―一九七八年。リビコフ報告書（Libicoff Report）、一九八〇年。
（4）正木久司「会社支配論から会社統治論へ」同志社商学第四五巻第二・三号、一九九三年十月、一三七―八頁。
（5）Blumberg, P. I., *The Megacorporation in American Societies*, 1975, p. 145.（中村瑞穂監訳『巨大株式会社』文眞堂、一九八〇年、一九一頁。）
（6）SEC Staff Report on Corporate Accountability, Committee on Banking, Housing and Urban Affairs, United States Senates, 96th Congress 2nd Sess.
（7）正木久司「企業の社会的責任」『同志社商学』第四五巻第六号、一九九四年三月、二六頁。

三　フランス企業統治
――経営参加、取締役会改革と企業法改革――

簗場保行

一　はじめに

英語のコーポレート・ガバナンス《企業統治》と同義であるグーベルヌマン・ダンツルプリーズの用語が近年、フランスにおいても一般的になった。それは一つはフランス企業にあっても英米流の《企業統治》の実現が内外アナリストや投資家の間で証券投資判断の材料の一つになったためである。また一つは銀行・保険部門などで英米同様に、様々な不正事件やスキャンダラスな事件がおこり、フランスの金融法の公正性や実効性が問題にされたためでもある。

そして九〇年代以降、フランス公企業の民営化が進められるなかで、アメリカ年金基金を中心とする外国資本のフランス市場への投資が急速に増大している。現在、英米株主のフランス株式市場において占める所有割合はＣＡＣ40（フランス主要四〇社株価指数）上場会社資本の四〇％に達し、彼らの証券投資基準に適応することが不可欠になっている。フランス企業にとってはまさに英米流《企業統治》を実現することが重大な関心事となったといえよう。

しかしフランスにおける企業統治改革の規定要因をすべて以上のような背景、とくに証券市場の要因のみに帰すことはできない。それはそうした視点からの考察のみによってはフランスにおける企業統治構造形成の社会的歴史的諸要因を充分かつ的確に把握することができないからである。またフランスにおける企業統治の独自の歩み、その思想形成そして現状、さらにその変革の方向と将来展望を見誤ることになると思われる。そこで以下企業統治構造形成の一要因としての労働者経営参加の歴史についてまず検討したうえで、英米流の企業統治制度導入と改革の歩み、そして法制度の整備について考察しフランス企業統治の現状について考察する。

二　経営参加の歴史——シェリウ委員会報告から——

以下、紹介する報告書が提出されたのは一九九九年、シラク大統領・ジョスパン首相当時の上院議会である。フランス企業統治の一ファクターである労働者参加の思想、歴史、現状を知る手がかりとなる報告である。この報告の前文には次の主旨が述べられている。(1)
・従業員持株制度についての理解を深める　・企業、従業員にとって企業の運命について重視することが不可欠になった　・二十一世紀は資本と労働の共同 association の世紀でなければならない。
以下、委員会の報告要旨である。

1　労働者参加の歴史

(1)　労働者参加の思想と歴史

a　理論の時代：プルードン、フーリエ、そして一八九一年のレオンⅩⅢ回勅、またサンシモン主義者の労働者参

加の主張　b　実験の時代：十九世紀後半以降の試み　c　立法化の時代：二十世紀以降の立法化と事実上の失敗

(2)　労働者参加政策の再生

a　ドゴールの参加概念：第三の選択の軸となる三つの目標

・人間的目標（労働者の尊厳の確保）　・社会的目標（階級闘争に代る協同coopération）　・経済的目標（すべての受益者に果実を与えることで成長への新動力を供給する）

b　労働者参加の三形態と参加の用具としての従業員持株制

・企業成果に対する参加　・企業資本への参加　・企業管理への参加

＊以上のようにドゴールの精神では参加は《協同》でなければならない。またドゴール主義者の参加思想は従業員持株制を基礎とするパートナー論であるということができる。

(3)　従業員持株制の緩慢な進展

（発展段階）

a　創設期：一九五九～一九七〇年の立法、オルドナンス（国会の授権による行政命令）

b　再開期：一九七〇～一九八六年（八四年国営化実施）従業員持株制の法規定制定

c　民営化にともなう新たな発展：一九八六～一九九四

―民営化企業の担い手へ：従業員を民営化される公企業の株主に

―参加方法の進化　八六年オルドナンス：

〈ＰＥＥ〉（企業貯蓄計画）：企業の支援により従業員が株式所有を実現

〈ＦＣＰＥ〉（企業投資共同ファンド）：ＰＥＥにもとづき投じられた資金の主要な管理形態

・九八年一二月現在、三六一〇のＦＣＰＥが存在　・ＦＣＰＥには監査役会設置義務

（発展と停滞の相反する要因）

ａ　従業員貯蓄制度の成功：利益参加形態ＰＥＥの発展

ｂ　従業員持株制の中間色の諸結果：

・民営化以降の所有比率の低下（従業員は一定期間所有後、株式売却）　・企業管理への参加の困難（経営側の拒否）

２　従業員持株制の発展―参加の再生と形態ならびに現状と問題点―

⑴　顕著かつ多様な動向

ａ　顕著な発展：従業員所有のための株式発行の顕著な増大、そしてその資産が主に企業株式に投資されるＦＣＰＥの顕著な成長をつうじて実現された。

・七〇〇、〇〇〇家計を超える（一九九七年現在）　・従業員所有の会社資本の割合はＣＡＣ四〇社企業の約二％（九八年現在二・六五％）を占める

ｂ　革新的措置の出現：

・ＦＣＰＥに有利な誘因（銀行貸付《てこの効果》と銀行《保証》の利用）　・企業株式に投資される長期従業員預金の増大　・ストックオプションの《民主化》（従業員にも機会提供）

⑵　労使対立の収斂への期待

ａ　企業側の動機：経営社会政策ほかとしての意義

・企業内社会的団結の用具　・富の再分配の手段　・従業員政策の補完手段　・企業資本安定に寄与（特に外国人株主が増大するなかで注目される）　ex. ＢＮＰ

ｂ　従業員側の期待：魅力的投資　企業の発展に関与

・企業と従業員の共同は多様な形態をとる　ex. 従業員とのコミュニケーション
―従業員株主への情報提供：ex. ソシエテジェネラルの例
―総会での発言：従業員持株会の組織化　従業員株主は意思決定機能を行使
c　一九九四年七月二五日法の規定：従業員取締役制
従業員が会社資本の五％以上を所有する場合は臨時株主総会が招集され従業員株主もしくは株式を所有するFCPEの監査役会メンバーから一人ないし二人の取締役が指名されることを定款で明らかにしなければならない

(3)　多様な現状と問題点

a　従業員持株制の運用

・魅力的だが成果が不確実　・運用の将来は企業の戦略の成否に依存

b　従業員持株制の意義

・企業内社会関係の変革　・フランス企業の自己資本の強化、ナショナルな性格の確保　・企業成長の支援
＊従業員持株制度がフランスの経済と社会の問題解決の手段として認識されていることがわかる（中道思想）

3　従業員持株制の課題―社会事業委員会の二八の提案から―

フランス経済と社会の問題解決のための具体的な提案の一部を以下紹介する。
・従業員株主の利用できる情報の改善　・従業員参加取締役会の役割強化　・従業員株主の活動の発展　・労働世界の革新　・株式購入のための従業員預金の期限前利用　・従業員株主代表制の促進　・FCPE監査役会の従業員株主代表制を改善する　・企業の最重要な意思決定への従業員参加の確保　・従業員株主の安全を確保
・FCPEの透明性を確保　・FCPE監査役会の経済情報の改善　・他の資本参加のメカニズムの近代化
・企業の特殊性に対応した従業員株主制の新形態の提案　・ストックオプションの利用機会の増大　・RES（従

業員による会社買収）の再開

三　英米流企業統治制度の導入

フランスにおいて英米流企業統治の制度化は経営者団体と公権力により推進されたということができる。その背景はフランス企業の深刻な資本不足、外国資本の導入の必要である。まず一九九三年に証券取引委員会COBと会計監査役全国協会の Yve Le Portz を代表とする作業グループが会計監査役の独立性の確保と目標について審議している。

そして一九九四年一一月に法学者 André Tunic がCOBの紀要において書いているように、制度改革の必要の緊急性が認識されている。すなわち《・・・アメリカの団体預金は会計報告と時には経営陣の交代を要求する。英国、豪州、スエーデン、スイスそして日本でも同様になる。フランス企業がもし外国資本を利用したいならば彼らの要求に従わなければならないであろう。(2)》

一九九五年にフランス経営者全国協議会CNPFと民間企業者協会AFEPはストックオプションに関する Lévy-Lang 報告と Viénot 報告を発表。後者のビエノ報告は、二人の独立取締役の導入、取締役兼任数を五を上限とすること、取締役会において戦略について議論すること、そして会計・報酬・指名委員会の創設、さらに取締役会について毎年評価すること、以上を提唱した。

1　ビエノ報告とフランス企業の特殊性

ビエノ報告によりフランス会社統治構造の英米流企業統治制度への転換の方向が推進されたといえる。(3)

(1)　取締役会改革について

ビエノ報告は「上場企業の取締役会の構成、役割、そして機能様式について」と題する報告において、取締役会の機能を次のように確認した。

・取締役会は企業により金融市場に伝えられる情報の確実性と透明性を監視することが役割である。それは会社の事業活動についてたとえ規則により要求されなくとも公表しなければならない。

・取締役会は戦略的な重要性を有する事業について検討をおこない決定することを使命とする。この役割を達成するため、委員会は多くの勧告をおこなった。とくに以下の点が望まれた：

・取締役会は少なくとも二人の独立取締役を含む

・その互任者の数は過度であってはならない。

・取締役会のなかに取締役と会社代表の選任委員会および報酬と監査の委員会を設ける

・全取締役は充分な情報を扱う。取締役にあってはその使命の充分な達成のために不可欠ならば情報の補充を求める

以上、海外の機関投資家、特に英米のそれのフランス資本市場への流入が、英米流企業統治規則の導入の契機になったということであるが、また以下の要因も重要であろう。すなわち、

・九四年以来、米労働省の指示を介する立法により海外の会社の総会においてファンドの管理者の投票が義務となった。

・投票そのもの以上に相当の株主によるメディアを利用した立場の表明が企業決定に大きな影響力を与えた。また英米の年金基金の増大により他のカテゴリーの株主の発言も増大した。

・少数株主――二つのタイプの組織（株主団体と投資家団体）はフランスにおいて役割を果たすことについて懐疑的であったが、報道機関がその抗議行動を報道した。

・フランスのファンド管理者もより積極的になった。ＡＦＧＡＳＦＦＩ（フランス財務管理協会）は九六年にデオントロジー憲章を定め、総会において証券管理者が投票することを義務とした。また九八年に総会での投票と取締役会の構成と役割に関する勧告を発表した。(4)

⑵　英米流企業統治制度移入にともなうフランス企業の特殊性をめぐる議論

最初の重要な議論は企業統治の目的に関連して《社会的利益》の観念について展開された。すなわち「英米では証券価値の最大化の目的に重点がおかれるのに対しヨーロッパ大陸、特にフランスでは企業の《社会的利益》に重点がおかれる」ことを明記し、ビエノ報告はこの原則に対する堅持、すなわち「取締役の行為はただ《社会的利益》の配慮によって喚起されるべきである」と主張する。また「先に実現されるべき《社会的利益》とは、人間そのものを超える、すなわち自立的経済単位としての企業の利益であり、その利益は株主のそれ、労働者のそれ、債権者のそれ、また税務当局、供給業者や顧客のそれとは区別される固有のものであり、全体と共通の利益に一致しまた企業の繁栄と継続により保証されるものである」とする。(5)なお同様な観念は七五年のシュドロー委員会報告にもみられた。《社会的利益》と企業利益を調整しようとする伝統的観念といえるであろう。

他方、株主価値の支持者は社会的利益の概念に対し反対を表明する。Collette Neuville によれば、この定義はきわめて問題がある。というのは「企業利益として理解される社会的利益が法の用語に一致しないからである。この目標はたいへん曖昧な内容である。またそれは資本主義の効率的な機能、そしてまた全体的利益とも両立しない。むしろ株主利益の追求こそ全体利益の獲得に寄与する」からであるとする。

ところでこの両概念のうちの一方だけ、特に後者を重視することはフランス企業の短期の意思決定に異なる結果をもたらすかもしれない。いずれにしろ企業の異なるパートナーの利益のバランスやその代表方法そして企業統治のありかたが問題にされることになったのである。

第二の議論は改革の実施方法についておこなわれたが、法による拘束よりも英米に一致した企業統治モデルの自発的改革を選択する（その後、法制化された）。

第三の議論は、透明性の文脈において、会社代表の個人報酬の公開についての現状が問題にされた。九九年七月のビエノ第二報告が透明性の規則の強化に反対したが、二〇〇〇年一月にＭＥＤＥＦとＡＦＥＰは反対に年次報告に上場企業経営者の個人報酬の詳細な公開に取り組んだ。

第四のより技術的な議論は取締役会に集中する支配 controle と管理 gestion の機能の分離についておこなわれた。英国キャドベリー報告とは反対に職務兼任の長所を指摘し、「上場企業の多様性」を所与とし「取締役の業務組織は企業の株主構成、活動次元や性格そしてその環境に対し適応しなければならない」とし、強制規定についての反対が表明されている。これはプレジデントとディレクター・ジェネラル、すなわち監督職能の会長職と執行職能の社長職の分離についての議論である。両者の兼務が多いフランスの実情に即した制度改革をめぐる議論である。(6)

以上のように、英米企業統治諸規則の移入に際しフランス社会への適用の妥当性について問題が提起された。そして企業の社会性、経営者の社会的責任の問題が《社会的利益》の概念をめぐり提起された。しかしその検討は深められることはなく英米流の株主利益中心の制度改革が進行した。そして労働者の企業統治参加の制度化はいまのところ停滞しているということができるであろう。

２　主要な制度改革の歩み

九〇年代後半以降最近までの主要な制度改革の歩み、経過の概略を紹介すると以下のとおりである。(7)

(1)　フランス国内の歩み

・一九九六年に上院議員 Philipe Marini による会社法報告が企業統治の立法措置を提唱する。

・一九九七年にカリフォルニア国家公務員年金 CalPERS が英国とフランスに対し企業統治原則を発表し適用する。
・一九九九年には会長と社長の職能分離を決定していた政府に応えてビエノ第二報告が日の目を見る。商業会社に関する一九六六年法を改正し経営者の報酬の公開を義務とした。
・二〇〇一年五月一五日、新経済規制法NRE採択。会長と社長の間の役割分離について、また報酬の公表についての法の改正を求める（後述）。
・二〇〇二年九月二三日、上院ブトン報告発表。二〇〇一年一二月のエンロン社投機的破産に発する企業経営不信に対処したものである（二〇〇二年七月の米国サルバン・オクスレイ法が起源）
・二〇〇三年二月五日、市場の安定を確保するために政府は上院に金融安定法案を提出する（同、三月施行）。またルネ・バルビエ・ド・ラセール報告をつうじて公営企業の株主の役割について検討し、同二四日に経済・財政相フランシス・メールに提出した（後述）。
・二〇〇三年三月一八日、アクサグループ監査役会会長クロード・ベベアール氏が会長の検討会モンテーヌ機関でローラン・メニエール作業部会の結論を発表。同機関は独立取締役に対し与える地位に関して《独立取締役の割合は株主構成により検討されなければならない》とする見解を提起。また《会社間の取締役交差の禁止》と《取締役会の内部規則の公開》を勧告した。また同機関は経営者報酬額決定に長期目標が優先されるべきことを要請した。

(2)　国際規約形成の動向

・一九九八年、一九九九年の七月にＩＣＧＮ国際企業統治ネットワーク（機関投資家、保険会社、年金基金、投資家協会、個人投資家、そして企業により九五年に設立）が企業統治に関するＩＣＧＮステイトメントを発表した。また一年後、ＯＣＤＥが企業統治原則を発表する。

・欧州委員会により組織されたJappe Winterを代表とする会社法専門家グループが二〇〇二年四月に企業統治について検討し、同一一月に以下の内容の勧告を発表した。すなわち
・企業統治と報酬（特に上場会社について）についての情報公開の義務　・株主総会に株主を参加させ投票してもらうための情報技術の利用　・問題を提起し解決案を処理する権利　・国境を越える投票権の行使の容易化
・機関投資家の投資政策と投票の公開　・株主の特別調査権　・監査、報酬、指名委員会における外部取締役と独立取締役の積極的役割　・財務状態に関する取締役会の全体責任

以上のようにフランス内外において英米流企業統治の導入と制度化が進行しているということができる。

四　ＮＲＥ法以降の企業統治

前記ＮＲＥ法ならびに金融安定法の概要とそれ以降の動向を紹介する。(8)

１　ＮＲＥ法と企業統治

まず二〇〇一年五月に可決された新経済規制法（la loi NRE）の意義と主要な内容について考察する。その変革の重点は会社の権力組織の変更である。すなわち会社経営者、株主に新たな権利を認め、また従業員にも意思決定への参加を実現することにより、社会的アイデンティティの確立を可能にし調和と均衡を確保することにある。

(1)　取締役会会長の役割の弱体化

ＮＲＥ法は取締役会会長の機能と最高執行経営責任者の職能を分離することができるとした。今後、取締役会会長に帰属する役割は取締役会を指揮し最高執行責任者を監督することになる。

最高執行責任者は、取締役会により任命されあらゆる状況において会社の名において行動する最大限に広範な権限を授与される。彼はまた取締役会より任命された執行経営層に補佐されることができる。

取締役会は会社業務の統制と戦略決定の使命のためにその全般的管理権限を委譲し、その権力を必ずしも会社の取締役ではない最高執行経営責任者に供与することができる。

要するに旧商法で取締役会長に帰属した権力が今後は最高経営執行責任者に帰属する。ただ法は取締役会がその会長を最高経営執行責任者に指名することを認めている。この職務兼任の結果は取締役会会長の地位を旧法におけるそれと同様に位置付けることになる。

(2)　兼任の制限

NRE法一一条は企業の善良管理の原則を採用し、会社代表権者はその職務に必要な時間と関心を注ぐことを義務とすると定める。したがって代表の兼務はかかる記述と両立しない。法は同一自然人により行使可能な取締役代表ないし監査役会の数を五に制限する。

この制限は法人―取締役の代表にも等しく適用される。以前、法人はこの兼任規定から免れていた。法はその他、同じ自然人が最高経営執行責任者、経営執行機関の成員ないし単一執行責任者の任務を行使することができないとする。ただし同一集団内では任務の兼任を認める。

(3)　権力の再分配―企業権力への従業員の参加の強化―

新法は会社の少数株主と従業員の権力を強化することを意図している。特に従業員は彼らの企業委員会をつうじて改革から利益を受ける。新法により従業員に有利な三つの改革が株式会社に認められた。すなわち

a　株主総会への従業員企業委員会の参加

今後、企業委員会は緊急時に株主総会を招集する責任のある代理人の指名を要求することができ、また株主総

会議題に解決議案の記載を要求することができる。また企業委員会代表二名は彼らが成員でない会議、決定機関に立ち会うことができる。もっとも上場企業において株式を所有する従業員は社員（株主）の資格において総会に臨むことになる。

b　従業員に与えられたより重い権限

新法の適用により労働法四三二条六項－一は、表決が社員（株主）の全会一致を必要とする際には企業委員会代表はその陳述の聴取を求めることができるとする。この措置はすべての会社形態に関わり株式会社に限定されない。

株主と従業員はこの最高決定機関において対面する。法は企業委員会に論議に参加する権利を認めていないが。

c　株式公開買付けＯＰＡにおける企業委員会の権限強化

新法は企業委員会にＯＰＡに関しその特権の強化を認める。その標的の会社の企業委員会は企業長からＯＰＡが行われていることを知る責任を負う。企業委員会はＯＰＡの行為者に聴取を求めることができる。行為者はそれに応じる責任を負う。欠席した場合には行為者はＯＰＡの対象会社の彼が所有する証券に付随する投票権行使の権利を失う。その他、ＯＰＡの行為者は取引の際に発行される情報の覚書を企業委員会に提示しなければならない。

これは最近の事件に対応したものであった。特にＢＮＰパリバとソシエテジェネラル間の証券市場の争奪戦を契機に企業委員会の権力強化とＯＰＡ手続きの改正が行われた。

d　株主権力の強化

新法は、経営専門職の指名を要求できる株主の最低限の資本所有比率を一〇％から五％に下げた。

2　金融安定法と企業統治

この法は、金融市場への信頼感が失われてきた状況に応えることを目的に採択された。証券取引委員会と金融市場審議会を吸収し金融市場監督機関 Autorité des marchés financiers の設立ほか、会社の法的監査の近代化と透明性を柱とする。主な条文要旨、改正点を紹介する。(9)

(1)　会計監査の近代化

a　会社の会計監査役の職業倫理遵守と独立の監視、監督を行う機関として会計監査高等評議会 le Haut Conseil du commissariat aux comptes を設置。（商法典L八二一の一条）

b　会計監査役に対する検査、懲戒の強化（同L八二一の七条）

c　会計監査役の指名について制限の強化（監査以外のコンサルタント業務などの兼務の制限ほか（同L八二〇の三条）

d　会計監査役の独立性（監査対象会社からの受益の禁止：同L八二二の一一条一項、コンサルタント等役務の禁止：同条二項、監査役が任務終了後五年間経営者または労働者として勤務することの禁止、またその反対も禁止：同L八二二の一二、一三条）

(2)　会社経営の透明性

a　取締役会及び監査役会の報告書及び会計監査役の所見（同L二二五―二三五条）

b　株主総会の議題：会社構成の変更について討議する場合、企業委員会の意見が総会に通知される（同L二二五の一〇五条）

c　会社経営者の証券取引に関する情報公開の義務（通貨財務法典L六二一の一八条二項）

(3)　その他規定

a　会社役員報酬の開示：自社およびその支配する会社から受けた報酬に加え、自社を支配する会社から受けた

報酬も明記する（商法典L二二五の一〇二条一項）

b　取締役会の機能：取締役は任務遂行のためのあらゆる情報提供を受ける権利を有する。取締役会会長、執行役員は情報提供の義務を負う（同L二二五の三五条）

c　役員の兼任：兼任制限の緩和（同L二二五の九四条一項他）

d　増資：現物出資、株式買付け権証券発行、株式優先引受権の廃止は取締役会または執行役に対する委任によりできる（同L二二五の一三八条）

五　むすびにかえて

フランス企業統治の歴史の展望から、我々はそこに国家権力が労使対立や資本の国際化、環境問題など経済社会の諸問題の対立調整のために決定的に重要な役割を占めてきたことを知ることができる。従業員代表制、利益参加、従業員貯蓄制度、従業員持株制、さらに従業員代表の取締役会参加とその発言権の強化に具体化・法制化されたフランスの企業統治は経済民主主義発展の延長線上に位置付けられる。

グローバリゼーションとEUの統合・発展の進捗のもとで現在、英米流の企業統治制度の導入が進行している。またフランス企業の立脚地点も多国籍化し、いわば地殻変動を起こしているなかでフランス労使の対立も後退し鎮静化の様相を示している。しかし株主中心主義の英米流企業統治が企業内社会安定装置の機能を十全にはたすことはできない。もともと株主としての従業員の立場と従業員本来の立場に矛盾がないとすることはできない。また現在消費者運動や安全な環境を求める市民運動など企業社会が直面する問題は経済論理だけでは解決困難な問題である。このような持続可能な発展の途を模索する市民社会や地球社会の要請に応えフランス企業は解決策を企業統治に具体化し制度化する途を見つけなければならないであろう。

注

(1) Chérioux, J., *L'actionnariat salarié : ver un véritable partenariat dans l'entreprise*, 1999.
(2) Ploix, H., *Le dirigeant et le gouvernement d'entreprise*, 2003, pp. 134-136.
(3) Viénot M., *Le conseil d'administration des sociétés cotées*, 1995. (Viénot I).
(4) Le Joly, K. et Moingeon, B., *Gouvernement d'entreprise : débats théoriques et pratiques*, 2001, p. 28.
(5) Viénot, *op. cit.*, p. 9.
(6) Le Joly, K. et Moingeon, B., *op. cit.*, pp. 29-32.
(7) Ploix, H., *op. cit.*, pp. 134-137.
(8) Editons Légistrative, *Dictionnaire permanent.*
(9) Ploix, H., *op. cit.*, pp. 140-142.

参考文献

Chérioux, J., *L'actionnariat salarié : ver un véritable partenariat dans l'entreprise*, 1999.
Ploix, H., *Le dirigeant et le gouvernement d'entreprise*, 2003.
Viénot, M., *Le conseil d'administration des sociétés cotées*, 1995. (Viénot I). *Rapport du comité sur le gouvernement d'entreprise*, 1999. (Viénot II).
Le Joly, K. et Moingeon, B., *Gouvernement d'entreprise : débats théoriques et pratiques*, 2001.
Editons Légistrative, *Dictionnaire permanent*, Droit des affaires, conseil d'administration, pp. 3661-3684. ; conseil de surveillance, pp. 3685-3694. ; assemblées d'administrations, pp. 3357-3406. ; comité d'entreprise, pp. 3549-3566. ; commissaires aux comptes, pp. 3575-3628. ; privatisation, pp. 4210, 2003.
Charreaux, G., *Le gouvernement des entreprises : corporate governance théories et faites*, 1997.

四　韓国のコーポレート・ガバナンス改革とその課題

勝部伸夫

一　はじめに

コーポレート・ガバナンス論はいまや世界的に注目を集め盛んに議論されているが、韓国においてもガバナンス問題（韓国ではコーポレート・ガバナンスを「企業支配構造」と呼んでいる）は大きな関心を集めている。それは、企業のガバナンスをどう改革していくかによって今後の韓国経済の発展の道筋や企業の在り方にまで、直接・間接に多大な影響が及んでくるからであり、また、個別の企業にとってもガバナンス改革は自社の生き残りをはかる上で、避けては通れない切実な問題になっているからである。

韓国でガバナンス改革が積極的に推進されるようになったのは、九七年末のアジア経済金融危機を契機とする。この未曾有の経済危機を背景にして、韓国では企業構造改革が経済再建のための最重要な課題として認識され、政府の主導で積極果敢に進められることになった。いわば経済の立て直しのために、韓国は国をあげてガバナンス改革に取り組んだと言っても過言ではない。では、実際に如何なる改革がなされたのか、そしてそれはうまく行っていると言えるのであろうか。さらに今後改革を進めていく上でどのような課題を抱えているのであろうか。

本稿では、韓国企業のガバナンス改革の焦点とは何であり、それはどこまで進んでいるのか、また日韓のガバナンス比較にも言及することで、韓国のコーポレート・ガバナンスの現状と課題を明らかにする。

二　韓国のガバナンス改革とその背景

韓国は九七年に起きたアジア経済金融危機で大きな経済的打撃を受けた。外貨準備高がほとんど底をつくまでに減少し、一時は国の破産であるデフォルトに陥ることが懸念された。韓国はまさに朝鮮戦争以来とも言える極めて深刻な危機に見舞われたことになる。この事態を何とか回避するために、韓国政府は同年一二月、IMFからの緊急融資を受けることになった。IMFはその融資条件として、A 緊縮財政、B 金融システムの健全化、C 財閥・労働改革、D 貿易と資本市場の自由化の実行などを韓国政府に求めた。そしてこの条件が間違いなく履行されるように、当時大統領選挙を目前にしていた候補者たちにもこの案に対する事前承認を迫った。結局、こうした提案を受け入れることで経済破綻という最悪のシナリオは回避されることになったが、韓国はその代償としてIMFの管理下に置かれることになった。

新大統領に選出された金大中氏は、財閥改革をめぐって就任以前から早くも実質的な対応に追われることになり、九八年一月には財閥総帥との間で「五大原則」に合意した。その中身は、1 企業経営の透明性の向上（結合財務諸表の作成、会計基準の国際基準への調和）、2 系列企業間の相互債務保証の解消（個別企業の自律的独立の促進）、3 財務構造の改善（グループの負債比率を九九年末までに二〇〇％以下に圧縮、不採算企業の退出と再生）、4 業種の専門化（主力業種への経営資源の集中と不採算事業からの撤退）、5 支配株主および経営陣の責任強化である。そしてさらに九八年八月には、「追加三原則」として、6 五大財閥の金融圏支配力の抑制、

7系列企業間の循環的出資と不当内部取引の抑制、8変則相続・贈与の防止が加えられた。すなわち、金大中政権は経済金融危機を招いた張本人である財閥に対して、徹底した構造改革の推進を迫ったのである。

この「五十三原則」に示されている通り、韓国の財閥改革の中身は、①財務体質の改善、②産業の再編、③透明性のある経営の追求、④責任ある経営体制の確立の大きく四つに要約できよう。このうち①②は、肥大化して脆弱な財務体質を早急に立て直して健全化をはかると同時に、各財閥ごとに重複投資がなされた事業を主力業種に集中させることを目的としており、具体的にはビッグ・ディール（事業交換）やワーク・アウト（企業改善作業）といった政策が政府の強い指導で実施に移された。こうした構造改革の過程で、四大財閥の一角を占めていた大宇財閥は解体し、また、多くの中堅財閥が淘汰されて姿を消すと同時に、韓国最大の現代財閥も内部分裂するにいたった。つまり企業は強いところが残り、弱いところが淘汰されることになったのである。経済危機を経て、これまでの韓国財閥の勢力地図は大きく塗り替わることになった。

韓国が経済危機に陥った根本原因は、財閥のいわば拡張主義的で放漫な経営スタイルにあり、それを許してきたガバナンスのシステムそのものの欠陥にあったことは明らかである。換言すれば、従来の韓国財閥のガバナンスはうまく機能してこなかったということである。したがって、③透明性のある経営の追求と④責任ある経営体制の確立という二つの目標は避けて通れない必須の課題であり、ガバナンスの抜本的な改革が断行される必要があった。

韓国のガバナンス改革の具体的な中身は後ほど見ることにして、ここでは今回の改革の方向性として次のことを指摘しておきたい。

まず第一に、韓国におけるガバナンス改革は経済金融危機という未曾有の深刻な事態を受けてそれに対処するために取り組まれたものであり、経済再建のためには何があっても従来のシステムを転換させる必要があったということである。したがって、政府が主導して法整備も含めた改革を強力に推進してきている点に特徴がある。

第二は、第一の点とも関連するが、韓国政府は危機回避のために資金の提供を受けたＩＭＦとＩＢＲＤに対して、公約の実行を国際的にも強く求められたことである。そしてそれ故にと言うべきか、改革の方向は「グローバル・スタンダード」と見なされている英米型のガバナンスがお手本とされることになった。

第三は、資本市場の開放と併せて、海外の資金を積極的に誘致し経済を再建していくためには、「グローバル・スタンダード」に適合したガバナンス・システムを構築しておく必要があり、企業側にとっても自社のガバナンスをどう構築するかは決して他人事ではすまされなかったということが指摘できる。

三　韓国財閥のガバナンス構造

1　財閥の所有と支配の構造

韓国企業について議論する場合、それはすなわち財閥を対象にすることになる。韓国経済において圧倒的な比重を占めると同時に、巨大な経済力を有しているのは財閥だからである。財閥とはオーナーである家族をトップにして形成された、多角的な事業体である。その所有構造は次のようになっている。

まず、財閥の所有構造で重要な位置を占めるのはオーナー一族の株式所有である。表1は一〇大財閥の所有者別の株式所有状況（数字は平均値）を示したものであるが、オーナーである財閥総帥（会長）とその家族・親族の持分は八・七二％（〇三年）となっており、オーナーと言われる割には必ずしも持株比率は高くない。このように総帥をはじめとする家族の持分が低いにも拘わらずオーナー支配を維持することが出来るのは、家族所有を補う形で系列会社による所有を自らの支配権維持のために利用しているからである。すなわち、系列社によるグループ内の持株比率は三二・二七％（〇三年）となっており、この持株比率の高さが会社支配においては決定的な意味を持つ。さらにこれに自社株を加えた持株比率の合計は全体では四四・九二％となり、内部持分率と呼ばれるこの持株比率こそがオーナー支配の基礎を成している。なお、韓国財閥における系列会社の所有は、日本のような株式相互持ち合いが禁止されているため、A社↓B社↓C社…A社という循環式の持ち合い構造を形成している。そして総帥は各社の株式を万遍なく持っているわけではなく、株式所有はグループの中核企業に集中しているのが実態である。すなわち総帥と家族が少ない株式所有にも拘わらず圧倒的な権力を手中にしているのが、韓国財閥の「所有と支配」の基本的な構造である。[1]

こうした財閥の所有構造は、九七年の経済危機の前と後を比較してもあまりドラスティックな変化はない。この間、総帥を中心とするオーナー一族の持株比率が低下傾向にあるのに対し、逆に系列会社による所有はそれを補完するように持株比率を伸ばしてきており、経営権維持のためのこうした所有構造は一貫して維持されてきている。

表１　10大グループの所有者別株式保有状況

	2000	2001	2002	2003
会長および親族	11.30	8.97	8.64	8.72
系列社	31.46	32.35	32.91	32.27
自社株	3.84	4.65	4.27	3.93
合計	46.60	45.97	45.82	44.92

出所：韓国証券去来所（ホーム・ページ資料）

では、九七年以降、韓国企業の所有構造には何ら変動はなかったのであろうか。表2は上場企業の所有者別の状況を年度別に示したものであるが、その特徴としては第一に、銀行などへの公的資金の注入を行ったために政府の所有比率が一時的に増大したこと、第二に、一旦は減少した機関投資家の所有比率が再び二五％程度にまで急回復してきていること、第三は、市場の開放によって外国人の所有比率が拡大傾向にあること、第四は、一般法人の所有比率の着実な増大と個人株式の低落傾向が見られる、といった点が指摘できる。

こうした所有構造の変化の中で特に注目すべきなのが、外国人による株式所有の増大である。韓国のガバナンスを考える場合、その持株比率は無視できないものになってきてい

表2　所有者別株式所有分布

	政府等	機関投資家	一般法人	個人	外国人	合計
1997	(6.59)	(26.03)	(18.48)	(38.79)	(9.11)	(100.00)
1998	(17.32)	(13.61)	(19.89)	(38.79)	(10.39)	(100.00)
1999	(17.71)	(13.67)	(17.27)	(38.98)	(12.37)	(100.00)
2000	(12.65)	(15.81)	(19.99)	(37.74)	(13.80)	(100.00)
2001	(7.31)	(19.20)	(20.32)	(38.52)	(14.66)	(100.00)
2002	(7.41)	(24.59)	(21.03)	(35.43)	(11.54)	(100.00)

出所：韓国証券去来所（ホーム・ページ資料）

ると言えよう。韓国では九二年に証券市場が初めて開放されたが、経済危機を契機として九八年五月に全面開放されるにいたった。その後、外国人の持株比率は増加傾向にあり、〇三年の持株比率は前年の一一・五四％から大きく伸びて一七・九一％になっており、上場企業の時価総額全体に占める割合は実に四〇・四二％に達している。これは外国人投資家が優良企業の株式を中心に積極的に買っているためで、ＰＯＳＣＯ（六五・二一％）、三星電子（五八・五八％）、現代自動車（五〇・六七％）といった韓国を代表する企業では、いずれも外国人が過半数を超える株式を所有するにいたっている。このことはすなわち、機関投資家を中心とした外国人株主は韓国企業の業績に対しては敏感だということであり、財閥のガバナンスにも当然のことながら強い関心を持っていると見なければならない。

2　財閥の統治機構

上記のような財閥の所有構造の中で、絶大な権限を行使しているのはオーナーである総帥である。つまり総帥こそが財閥における最高意思決定者である。財閥は傘下に系列の企業を多数抱えており、各企業には経営者がいて企業経営を任されている。しかし、この支配構造はいわゆる「所有と経営の分離」ではなく「所有と経営の一致」と見るべきであり、総帥による所有経営者支配というのが韓国財閥の実態である。何十社もある企業を傘下におきながら総帥が最高意思決定を行うことが可能なのは、過去においては会長秘書室、そして現在では構造調整本部といった、優秀な人材で固めた補佐機関が設けられているからである。そして、グループ全体では傘下企業の経営者たちが一堂に会する社長団会議が定期的に開かれており、こうした中央統制機関を設けることで総帥の支配権は遺憾なく発揮されることになる。総帥こそが財閥という一個の超巨大企業のいわばＣＥＯ（最高経営責任者）であり、傘下企業のトップマネジメントはむしろ権限を一定程度委譲された事業本部長に近い存在だと言ったほうがよいかも知れない。こうした財閥の経営体制が、トップダウンによる迅速な意思決定とスピード経営を可能にしてきたことは間違いない。

しかし、このような財閥の経営システムには一方で大きな問題が内在していることも確かである。例えばそれは、総帥がどのような法的権限と責任のもとで意思決定をしているかが明確でないことである。総帥はオーナー経営者であるが一部の企業の理事（日本でいう取締役）に就任しているに過ぎず、財閥全体の最高意思決定者でありながら法的には必ずしも責任を問われる立場にはないからである。これでは企業経営の最高意思決定者である総帥がその結果に対して責任を取らなくても済むという奇妙なことになり、「無責任経営」がまかり通ることになってしまう。実際、あれほどの経済危機を招いた当事者であったにも拘わらず、自らの進退も含めて積極的に責任を取った財閥総帥は一人もいなかった。

では、韓国企業の統治機構はもともとどのような構造になっているのだろうか。韓国の株式会社の機構は、基本的には日本のそれと同じである。すなわち株主総会、理事会（取締役会）、監査役の三つの会社機関の設置が商法で定められている。しかし、こうした機関は機能としては有名無実化していたというのが実状である。つまりオーナー支配体制のもとで理事会のメンバーはほとんどが内部出身の経営者によって占められており、また監査役も非常勤の監査役しかいない企業が多かった。透明で、しかも責任のある経営体制を構築するためにはこうした機関が本来の役割を担う以外にないが、上記のように総帥が圧倒的な権力を持っている状況では、個別企業は言うまでもなく財閥全体においても、企業経営を内部からチェックするシステムはまったく機能していなかったと言わざるを得ない。

したがって、九七年に発生した経済危機の背景には、韓国財閥のガバナンス構造の欠陥があったことは明白であり、ここにメスを入れる必要がある。では現在、ガバナンス改革は具体的にどのような方向でなされてきているのであろうか。それを次に見ておこう。

四　韓国のガバナンス改革の概要と実態

1　ガバナンス改革の概要

韓国のガバナンス改革は、まず政府の「五十三原則」に示された内容が法整備も含めて具体化されていった。また民間レベルでも、学者や業界関係者などの有識者によって「企業支配構造改善委員会」が作られ、韓国企業が目指すべきガバナンスの在り方が「企業支配構造模範規準」として纏められ、九八年に発表された。これは政府のガバナンス関連の法案にも影響を与えた。このように韓国では官民をあげてガバナンス改革に積極的に取り組むことになったのであるが、改革の方向性は英米のガバナンス・システムをお手本にして株主重視の企業経営の追求を目指し、その実現に向けて意思決定を牽制していこうとするものだったと言える。

韓国のガバナンス改革は、1 経営の透明性の向上、2 企業内部・外部からの監視、3 経営の健全性・公正性の確保の三つの領域からなっているが、このうち改革のおもだったものを見ておこう。

まず、財閥の実態を正確に把握できるように結合財務諸表の作成が義務づけられ、これまで不透明だった経営内容の把握がより客観的にできるように改められた。これによって経営の透明性の向上が期待される。

次に、理事会（取締役会）と監査役会改革が挙げられる。これまで内部出身者で固められていた理事会には、外部からもメンバーを入れることを義務づける社外理事制度が導入された。九八年に導入された当初は最低一名という規定であったが、現在では資産規模二兆ウオン（約二〇〇〇億円）以上の大規模企業はいずれも理事会の二分の一以上は社外理事（社外取締役）でなければならないという規定になっている。また、監査役に関しても、上述の大規模企業の場合には監査役に代えて、理事をメンバーとする監査委員会を設けることが義務づけられた。すなわち大規模企業に関しては、委員会を設置する英米型のガバナンス機構が導入されることになったのである。

理事会改革に関連してもう一つ重要な点は、これまで総帥は実質的に財閥の最高意思決定をしていたにも拘わらず正式な役職には就任していないケースが見られたが、総帥のような「業務執行関与者」はたとえ理事ではなくても理事と同じ責任を負わなければならないことが明文化された。こうした措置によって、従来の不透明だった財閥の意思決定システムを転換することが目指された。

さて、こうした企業内部の改革と同時に、外部からの監視機能を強化することも推進され、少数株主権の強化が課題となった。すなわち株主提案や株主代表訴訟、さらに集中投票制や書面投票制の導入が検討され、資産規模二兆ウオン以上の大規模企業（約八〇社）は〇五年から集団訴訟の対象となることが決まった。

このような多様な改革案の推進によって、韓国では従来のガバナンスの欠陥を是正することが試みられてきた。では、こうした改革は実際にその実をあげているのだろうか。それこそが最大の問題である。

2　ガバナンス改革の実態

ここまで見てきて明らかなように、経済危機以後の韓国のガバナンス改革は急速に進められてきた。ただしその際、議論の前提にならなければならない点は、財閥の「選別と淘汰」があったとはいえ財閥中心の体制はこれまでと同じく健在であり、さらに財閥に君臨してきた総帥もまた健在だということである。すなわち韓国の所有経営者体制に変化は見られない。[2]そうであれば、総帥を頂点とする現行の経営体制にどれだけ有効な牽制を行うことが出来るか、すなわちオーナーの専横に歯止めをかけることが出来るようになったのかが、何よりもまず問われなければならない。

例えば、社外理事制度は、まさにオーナーの専断的な経営に歯止めをかけるために導入された切り札であるが、その現状を見ると必ずしも本来期待されている機能をきちんとはたしているわけではないことがわかる。社外理事の多くは経営者や大学教授といった人たちで構成されているものの、その選任過程でオーナーの影響力が大きいことなどが問題点として指摘されている。そして、理事会内での社外理事の発言はおしなべて経営者に好意的であり、反対意見はあまり出ないことがアンケート結果などでも示されている。そのため社外理事に対してはこれまで「挙手機」といった皮肉な呼び方がされてきた。したがって、社外理事制度は必ずしも本来の目的を十分に果たしているとは言えない面がある。ただし、このところＫＴやＰＯＳＣＯといった有力企業では社外理事の数が六割、七割を占めるようになってきており、「物言う」理事が出てきていることが報道されるようになってきている。このように徐々にではあるが変化の芽は出てきていると言ってよいであろう。

ところで、韓国のコーポレート・ガバナンスの実態を検討すると言った場合、現在大きな話題になっている二つの事柄がすぐに思い浮かぶ。一つは、〇三年の大統領選挙の際に与野党それぞれの陣営に渡されたとする秘密資金の問題である。四大財閥だけで与党のハンナラ党側に約七〇〇億円もの巨額な資金が流れていたとされ、一体両陣営に最終的にはどれだけの資金が提供されていたのか、その全貌は今のところ明らかになっていない。しかし、はっきりしていることは、特定の財閥というのではなく、有力財閥のほとんどがこの政界への秘密資金に手を染めていたという点である。根強い政経癒着の実態が改めて明らかになったと言ってよい。九七年以降、企業経営の透明性、公正性の確立を目指してガバナンス改革が推進されてきたにも拘わらず、これだけ巨額な不正資金が企業側から簡単に流れていたということは、財閥内でのチェック機能が一切働いていなかったということを意味する。何故このような結果を招いたのか、それこそがいま一度厳しく問われなければならない点であろう。

そしてもう一つは、証券市場の開放で外国人株主が増大している中で、経営権を脅かすような外国人投資家が出てきていることである。ＳＫ㈱の大株主として登場したソボリン資産運用社は、大株主としての立場から現経営陣の退陣を要求して、〇四年三月の株主総会では票対決にまで持ち込んだ。結果的にはＳＫ側が勝利を収めたが、こうした事態は外国人株主が増えていく中で、いつまた起こらないとも限らない動きである。しかも、株主総会を前に両陣営が他の株主に訴えたのは、理事会における社外理事の比率の引き上げや、透明な経営の実現、集中投票制等の導入であり、少数株主を自陣営に取り込むためにはいわばガバナンス改革の実効があがるような積極的な政策を打ち出さざるを得ない状況である。外国人株主の増加が即経営権問題にはならないにしろ、経営の在り方が常にこうした形で問われていることは間違いない。

以上のような最近の韓国企業をめぐる動きを見ると、経営をチェックしていくガバナンス機構を中心とする制度改革が急速に進んだ一方で、その中身が必ずしもついてきていないという印象を免れない。そういう意味では、韓国ではこれからまさにガバナンス改革の正念場を迎えようとしていると言ってもよいかも知れない。

五　韓国のガバナンス改革の課題——日韓を対比しつつ——

ここまで韓国におけるコーポレート・ガバナンスの構造と改革の現状を見てきた。その内容を日本のそれと比較対照したものが表3である。日韓両国の詳細な比較検討はここでは省略せざるをえないが、まず両国の企業の決定的な相違点は、日本が経営者支配なのに対して韓国は所有者支配であることである。そしてガバナンスに関しては、経営に対するチェック機構の中身は日韓では比較的近似していると言えるものの、より根本的な経営の

表３　ガバナンスの日韓比較

	日　　　本	韓　　　国
所有状況	機関所有（安定株主化）	「機関所有」（系列会社の循環所有）
支配状況	経営者支配	所有者支配（オーナー総帥）
ガバナンス論の契機	バブル崩壊→長期不況（業績不振） 不祥事の続発（90年代以降）	通貨・経済危機 （97年以降）
議論の中心的な問題	・経営者に対するチェックの強化 ・経営の効率化（株主価値の向上） ・不祥事の防止	・オーナー（経営陣）に対するチェックの強化 ・経営の効率化（株主価値の向上）
改革の方向性	株主重視vs.従業員重視vs.ステークホルダー重視	株主重視経営（英米型ガバナンス）
経営の方向性	日本的経営批判→新日本的経営？	「グローバル・スタンダード」指向
統治機構改革　(1)	委員会等設置会社を選択可	委員会（監査委員会等）の設置義務化
（取締役会）　(2)	監督と執行の分離，スリム化，社外取締役	監督と執行の分離，スリム化，社外取締役
（監査役会）　(3)	社外監査役	社外監査役
外国人株主の影響	優良企業を中心に持株比率増大	優良企業を中心に持株比率増大，敵対的M＆Aの可能性
少数株主権強化の影響	株主代表訴訟の増大	参与連帯など市民運動の隆盛

方向性においては大きな違いがあるように思われる。すなわち日本では学界、産業界を問わず、ガバナンスの基本的な在り方をめぐって対立する複数の主張が見られ必ずしも一つに収斂していないのに対して、韓国では株主中心の英米型のガバナンスこそが目指すべき唯一のモデルであり、その実現のためにどうすべきなのかが論じられてきているからである。こうした違いの背景にあるのは、一つにはすでに指摘したように韓国がＩＭＦの管理下にあったということがそのガバナンスの在り方を方向付けるのに決定的な役割を果たしたということと、もう一つには韓国におけるガバナンス論研究が主としてアメリカ帰りの研究者によってリードされていることで、アカデミックな面で圧倒的なアメリカの理論的影響力のもとにあることを指摘しないわけには行かない。そして企業においてもそのような英米型のガバナンスを是とするスタンスを取ることが、海外からの資本を積極的に受け入れるためには不可欠な政策だったこともまた確かである。

したがって、現在の韓国における議論の方向はあくまでも株主中心のガバナンス論である。ただしいくら株主中心とはいっても、それは従来型のオーナー経営を追認すべしといった主張などでは勿論なく、むしろそれに対抗すべき存在である少数株主の権利を保護したり機関投資家を育成することで、オーナー以外の株主による経営への牽制機能に期待しようとするものだと言ってよかろう。しかし、大株主であろうが少数株主であろうが、株主を重視する点では考え方は基本的に同じである。また韓国企業はガバナンスに限らず経営のスタイルもまた、今や「グローバル・スタンダード経営」すなわちアメリカ型の経営を強く志向しているように見える。

では、韓国におけるガバナンス論の今後の課題はどこにあるのだろうか。またそれは日本と対比した場合、まったく異なる内容だと見てよいのであろうか。

現在、韓国において英米型を基本とする株主重視のガバナンスを推進していこうとすることは、国内経済の不振が深刻化している中でそれを早期に挽回するという意味でも、一見すると適切な方向を志向しているように見えなくもない。社外理事などを通じて経営陣に目を光らせ、とにかく会社の業績が向上するように圧力をかけそれを実現させるようにすることは尤もなことのようにも思える。しかし、現実には韓国企業を取り巻く状況はそれほど単純ではないと言うべきであろう。

まず第一に、韓国の大企業＝財閥は圧倒的な経済力を有しており、その動向が国民経済に与える影響は極めて大きい。その財閥を総帥を頂点とするオーナー一族が所有し支配しているのであるから、会社はオーナーのものだということになるが、しかし簡単にそう言って済ませるわけには行かないであろう。また、株主価値の向上を目指せばそれが結果的に株主以外のステークホルダーの利益もまた同時に実現するといった株主主権論者の主張をそのまま鵜呑みにすることは出来ない。すなわち財閥のガバナンスを論じる場合でも、ステークホルダーの問題を看過するわけには行かないはずである。例えば、最近の労組による経営参加の要求などは、是非は別にしてもこの問題と無関係ではなかろう。同じくこれに関連して第二に、近年、韓国社会において高まってきている反企業感情の問題がある。企業の在り方や行動を人々が批判的に見ているということであり、ガバナンスを論じる上で、この点は見逃すことが出来ないであろう。現代企業は誰のためにどのように動かすべきか、というガバナンス論が提起している問いは、韓国社会においても無意味でないどころか、むしろ今後益々重要な問題として浮上してきていると見るべきである。そして第三は、企業防衛の問題がある。外国人株主は一般的に、短期的視点から株価と配当に関心を持っているとはいえ、そのレベルを越えて敵対的なM&Aにまで及ぶ可能性が否定できないことである。この点をどう考え、企業の所有構造を将来的にどういう方向にもっていくのかは韓国企業にとっては大きな課題である。それは、韓国の財閥を今後どうするかという根本的な問題とも密接不可分の関係にある。

こうして見ると、韓国におけるコーポレート・ガバナンス論は日本のそれとまったく異なるものと位置付けるべきではなく、企業構造における相違点を持ちながらもガバナンス論の課題としては大きく重なってくる部分があると見た方がよかろう。そういう意味では、日韓比較の観点からガバナンス研究を進めて行く意義は決して小さくはないはずである。韓国のガバナンス問題へのアプローチは、アングロサクソン的な枠組みに基づくそれとはまた別のものを用意する必要があるように思われる。

注

（1）拙著『コーポレート・ガバナンス論序説』文眞堂、二〇〇四年。
（2）拙稿「韓国の財閥改革とオーナー支配体制の維持」『海外事情研究』（熊本学園大学）第三〇巻第二号、二〇〇三年。

五　私の経営観

岩宮陽子

一　はじめに

株式会社飾一は、年末になると目にする、スーパー、百貨店、コンビニエンスストアなどで売られている「現代風正月飾り」の製造と販売を主たる業としている。一九七一年に創業、一九八八年に法人設立を行っている。私は一九九六年には、〝現代の正月飾りの市場創造と確立。文化貢献の高さ〟という言葉を添えて、ニュービジネス協議会より「アントレプレナー大賞・レディス賞」を受賞した。

さらに、二〇〇一年に科学振興功績者として、文部科学大臣賞を受賞した。科学にまったく無縁であった私が〝ゾルゲール法を用いた新素材の開発〟での受賞であった。

社会で務めた経験もない私が創業した飾一は、正月飾りという日本文化にかかわるニッチな市場と、ナノテクノロジーの最先端技術への取組みというまったく異なる分野を持つユニークな企業と現在ではいわれている。

二　私の経営への出発

人生を変えた一言

一九七一年、大家族の嫁、四人の子どもの母として、目のまわるような日々を送っていた私に、夫の言った〝特許を取れ〟の言葉が、人生の大きな転機となった。

私は小児結核、喘息と、虚弱体質であったが、兄の同級生の早大出身の商社マンと結婚した。代々建設業を営む旧家であったが、家は建ててから一四〇年も経っており、ペンペン草が生えていた。父親は、二十年近く寝たきりの後、亡くなり、夫が後を継ぐことになった。祖母、母、夫のきょうだい三人、伯父、叔母も同居している八人の大家族に、世間知らずの私は飛びこんだわけである。タンスの後ろに貼ってある差し押さえの赤札に貧乏を知ることになる。しかし、生活は貧しくても、心は貧しくなりたくない、なにかをしなくてはと考え、小学生に勉強を教えたり、家庭料理研究家の肩書きを持っていたので、女子大生に料理を教えたりした。

特定郵便局の開局をも思いついたが、しかし、「後を継ぐことはできるが、女性の開局はできない」という法律があることも知らされた。

家事で埋没する自分がどんどん萎えて行く気がした。ある女子大学の通信教育を家族に隠れて受けている時、近くの鶴見大学に歯学部ができると聞き、自宅で歯医者を開業しようと受験を決意した。子供の保育園も決め、授業料のメドも付いた時、八十七歳の夫の祖母が転んで、腰を痛め寝たきりになった。「学問なんていつでもできる」と思い直し、祖母の介護が始まった。そのとき、子供は四歳、二歳、一歳であった。

「お前に今は恩返しできないが、あの世から魂があるかぎり、必ずお前と子供たちを守るよ。ありがとう」と言い続けて、祖母は亡くなった。

〝禍福はあざなえる縄のごとし〟の言葉どおり、本当に良いことと悪いことが交互に巡ってきた。翌年、祖母からの贈り物のように祖母にそっくりな四人目の子どもを授かり、古い家を建て替える幸運もやってきた。

新しい家は、ガタガタの引戸からドアに変わった。年末になり、昔ながらの藁で作った正月飾りでは、モダンなドアに似合わないので、生花で裁ち落とした若松の枝三本に白い紙で扇を作り、ピンクの梅の花を添え、水引で輪を作り、ドアに掛けた。それは小さなかわいい飾りであった。そして、夫の口から「特許を取れ」の言葉がでた。

弁理士を使わない私は、申請書類を何度も訂正され、特許庁へ通った。「正月飾りで出願はめずらしいが、特許は下りるまでは、時間がかかるから早く作って売った方が良いですよ」と顔見知りになった特許庁の方に言われた。

〝寿飾り〟と名付け、横浜松坂屋で販売してもらうことにした。翌年の十二月二十八日にお客様から声を掛けられ、「あなたの飾りは縁起が良い。昨年買ってもって行ったら、妻とヨリが戻り、商売も順調だったよ。ありがとう」といわれた。日本人は正月飾りに一年の努力や希望を託していることを知らされ、「幸せのもとを日本一になるまで売ろう」と社名を飾一（かざりいち）と名付けることにした。

生業から起業、そして希業へ

貧乏から家族の役に立ちたいと考えて行動した私の起業は、食べるための生業であった。寿飾りを売り、お客様からいただいた「ありがとう」の言葉は、私の心に「日本一になる」という志と夢を持たせることとなった。

百貨店から日本一の夢を加速しようと、私はスーパーへの販路開拓を試み、初年ダイエー、そして翌年西友へ進出した。その過程で、露天商の脅しにも遭った。しかし商品を見て当社の寿飾りの二八〇円という価格に「そんなチャチなもの、勝手に売れ」と、捨てゼリフを吐いた。露天商の飾りは、数千円のものであり、かれらにとって二八〇円の寿飾りは取るに足りないと感じたのであろう。これで、撤退しないで売ることができたのである。

私は自分で考案したものを売り、商品の流通方法も変えなくては、と考え、正月飾りや、しきたりについて知りたいと、図書館へ行って、古文書を読み漁った。古来からの生活の中で、文化や礼儀、しきたりに息づいていたものは多くある。水引は一四〇〇年の伝統を持ち〝くれない〟と言われていた。和紙、布、織物、組ひも、松、梅、榊、柊、稲、〆縄などが使われていた。生活様式や住宅も変化する中で、それに対応した新商品を開発するようにしてきた。

母親として後悔を残したくないと思ったので、創業から十七年目、末の子どもが大学に入った一九八八年にやっと資本金三〇〇〇万円で、会社を設立した。

三　会社設立へ

希業から企業へ

「母さんしかいないよ。デザインも、営業も経理も製造も、全部自分一人でやってきたんだから」という長男の言葉を夫も認めてくれて、私の社長就任が決まった。当時は、まだ滅多にいない女社長の誕生であり、四十七歳の時であった。

設立は、昭和六十三年の五月で、九月に昭和天皇のご病状が悪くなられ、世の中は、自粛ムード一色となった。デパートの包装紙も、色目が地味なものに替わり、お祝いにまつわることは敬遠され、正月飾りも売ることができないのではないかと、危機感が募る状態であった。情報を収集してみると、年末に昭和天皇がご無事であらせられれば、市民の正月飾りの需要と供給のバランスが崩れるはずだということを聞いた。そこで、紅白の祝い色を地味な緑と白に替え、増産に入った。それは、藁ではない紙のこよりで作る水引の飾りは、売れ残っても、変質しないためであった。

明治天皇、大正天皇崩御の折はどのようであったのかを、母や祖母などに聞き、報せが出ると、すぐに家々で弔旗が揚げられる（球に黒い袋を被せ、三尺のリボンを垂らす）ことを知った。私はもしものことがあったら、国旗を置いて下さいとスーパーのバイヤーにお願いして、国旗メーカーに話をし、リボンと袋のセット七万本分を用意した。

年末になって飾りは、露天では買えない状況であったので完売し、一月七日の悲しいお知らせとともに伝えられた公報は、私が母や祖母から入手した情報とまったく同じであった。国旗セットは利益なしで売ったが、結果として国民のお役に立つことができ、バイヤーからは〝日本の文化を正しく伝える企業〟という信頼をいただくことになった。

新しい文化の育成

若い人たちが欲しいと思う商品を作りたいと考えた。そして、若い社員からキャラクターへの挑戦が発案された。「ミッキーマウスを使わせて下さい」といってもまったく相手にされない。「アメリカの歴史は二〇〇年。正月飾りは、二〇〇〇年もの間、生き続けた日本文化の形なのです」。これは、憤慨して私がいった言葉である。ミッキーが駄目ならスヌーピーだと思い、ニューヨークへでかけた。そして、紋付き袴の可愛らしいスヌーピーの直接販売権をもらうことができた。しかも、それは大ヒット商品となった。

数年経って、ウォルトディズニー社の方々が当社にみえられ、和物の版権を任せたいとし、あの時の私の言葉を忘れませんでしたと言われた時には、赤面してしまった。

のし袋を発売することがあった。商品は他との差別化、オリジナリティを持つことが重要である。しきたりを守りつつも、モダンなデザインになっており、どこかが異なり、なにかが違わなければ、価格競争をするだけになってしまう。のし袋に使用されている水引は、自在性がなく、お金の出し入れが面倒であった。そこで、水引の後ろにゴムを付けて特許を出願し、伸びる水引で出し入れしやすいのし袋「水引革命」を発売した。

四人でスタートした飾一は、六年目に売上げ十億円を突破した。正月飾りという年末の一時期にのみ仕事が集中する状況のなかでは、労働する人数と時間、そして物量とのきびしい戦いであった。返品リスクの軽減のため、各店毎のピッキングとなり、神経は張りつめ、狭い倉庫スペースの中でアルバイトやパートさんのいさかいが絶えなかった。激務に耐えられなくなって退社する社員もいた。未納や遅納をなんとか起こさなかったが、私は心労と疲労で倒れ、救急車で運ばれるという破目に陥った。

四　創造性への指向

水引イメージアーティスト誕生

このようななかで私は、企業経営には、存続のための社会的責任、製品の完全性、連続的企画開発力、社会貢献、そして経営者の夢を共有する社員と組織、それらを生む会社組織が重要であることを意識したのである。

神奈川大学で夜間部に開設している経営組織論のセミナーに通うことにした。一年を経て、論文を書き上げた時、私は長かった髪の毛をショートカットにした。鏡を見るたびに自分に〝負けるな。一流になるんだ〟と言い続けるための覚悟であった。五十四歳になっていた。

神奈川大学経営学部の海老沢栄一教授から、環太平洋文化国際会議で〝水引のスピーチをして下さい〟と依頼された。千葉の地で、五月の終わりに開催された会議は、盛会で、三百人以上の海外の教授で一杯だった。参加者全員にプレゼントした純金水引の美しい鶴も喜ばれ、スピーチも好評であった。一四〇〇年も以前からある〝愛を結ぶ、くれないの糸　水引〟は、東洋の神秘のように写ったのかもしれない。会場へ持って行った百色ほどの細い紙糸に皆が心を奪われたようであった。

「どうしてこんなに美しい水引を世界に誇らないのか」と、米国の二人の教授が来て聞くのであった。私は日本独自の文化の習慣を、世界に誇るべきと思った。しかも、いつまでも〝世界に誇る〟という言葉が、私の頭から離れなかったのである。誇るということは、人々の心に生き続けることであり、過去の遺物にならず、二十一世紀の世界から需要を喚起できるようにすることだと考えた。

世界が受け入れ、モネ、ゴッホやゴーギャンや、印象派の画家たちに対して多大な影響を与えた浮世絵の作風は、感性に強く訴え、人々に感動を呼び起こした見事な例である。このことに気づいた私は、水引のたおやかな線と色を生かして、世界の人々が触れてみたい、作ってみたいと思う作品づくりへとチャレンジすることにした。難しい結びに拘泥せず、自由にやさしい手法と表現を採用した。アフリカの人が作品を造るとしたらなどと想像して、水引を切ったり、貼ったり、突き出したり、まるめたりしてみた。また、キャンバスから離れて、屏風や彫刻、花やケーキなどとの合作も試みた。

文化の日をはさんで、十一月の一日から十日までギャラリー開催を行った。来場者の方々が集まり、鑑定士、美術年鑑社、日本経済新聞の文化欄の記者なども出席され、建築美術工芸協会の会員に推奨されることになった。そして、いまは亡き東大名誉教授の芦原義信先生によって「水引イメージアーティスト」と命名された。

その後、第三回の展示は一九九八年に、ニューヨークのソーホーで行うことになった。

超越紙の発見

私の父は画家であり、そのＤＮＡのおかげで、私の創作作品の評価が高かった。翌年、美術年鑑に作品が掲載され、一号が三八万円の表示となった。

もっとも、経営者である私は、作品の完全性を考えていた。メーカーである私にとって、高い価格なのに、素材が水に弱く、色褪せることが気になっていた。〝水引だから、しょうがない〟ではなくて、水に強い、色褪せない水引を開発したいと思い、横浜市工業支援センターで、いろいろな薬液を紹介していただいた。三カ月経ち、無機化する液剤に絞り込んで実験をしていた時、窓からの突風が、網を張り、洗濯バサミで挟んで乾かしていた水引に添えてあったメモ用紙を飛ばした。メモ用紙は、液剤の中へ落ち、記載事項があったので、薬液の入ったボールから取り出し、机の上に放置することにした。メモ用紙が固く、しかも半透明になっているのを見つけたのは、その数時間後のことであった。

「おかしい。普通じゃない」。その時、「会社中の紙を一〇㎝角に切って集めて来なさい。トイレットペーパーからダンボールまで」と私はいっている。トイレットペーパーは、蒸し紙にでき、ダンボールは靴で乗ってもへこまないほど固くなった。

紙とガラスの融合である。科学者ではない私は、科学に取り組もうと、必死であった。東京工業大学へ通い、研究者や科学者とのネットワークを作りながら、二〇〇〇年五月、横浜市産学連携棟に、優秀な科学者を所長として迎え、超越紙研究所を開設した。それは、五十九歳の時であった。

今日では、超越紙技術は、紙を超え、木、繊維、高機能繊維、カーボン、金属、石などにも応用できることがわかってきている。撥水性、絶縁性、バリア性、剛性、透光性、耐油性、防菌性なども立証されてきた。安心、安全なエコ技術、シロキサン結合の生成による効果は、私の想像を絶するものになると思っている。

五　経営観の確立

経営は裸足の凧上げ

数年前取材の折、若い記者から「あなたにとって経営とは一言でいうと、どんなものですか」という質問を受けた。

〝経営は素足で、河原で凧を上げているようなもの〟と私は答えた。「凧は企業の持つビジョンであり、高々と描く夢です。砂利や岩石やガラスのかけらがころがる河原で、安全な足場を確保し、細心の注意を払って、経営基盤の安全を計らなければならないのです。凧を揚げる人の心も体も健康でなければ、吹く風が順風か、逆風かの、見分けができず、時代や経済の風を察知することも、正しい姿勢で立つこともできないでしょう。凧が大きくなれば、網も太く強くなければなりません。経験や、情報、物、金、人様の力や、社員と自分自身の強い思い、などの点を線につないでできた縒り糸の網なのです」と説明した。

「三カンの経営」と「五つのキギョウ」

一九九八年、横浜市立大学商学部で非常勤講師として依頼を受けた時、肩をいからすことなく、自分なりの経営のあり方を分析して、書いてみたものが「三カンの経営と五つのキギョウ」である。

「三カンの経営」

肝……心・ビジョン・肝心かなめ・度胸

感……五感・六感・直感・感動・感謝

貫……すじみち・つらぬき通す・執念

「五つのキギョウ」

生業……なりわい・家業・生活を起てるための仕事を行う。
起業……夢と志を持ち、新しい事業を起こす。
希業……オリジナリティを持ち、他との差別化を計る。
企業……組織体として完成し、アイデンティティを持ち、連続的な企画開発力を持ち、生産・営利の完全性と社会貢献を実現する。
喜業……人間としての満足と経営者としての満足と喜びを得る。

企業の本意は、喜業でありたいと私は思っている。自分の夢の実現とともに歩んでくれる家族、社員の幸福を願いながら、企業としての社会貢献と、お客様の喜びを感じられ、生きる時間を人間としての満足を感ずることのできる喜業でありたいと思っている。要するに、「三カンの経営」と「五つのキギョウ」の心をつねに意識し、謙虚に深く考え、感謝の心を持っていたい。

世界優秀女性企業家賞を受賞して

二〇〇四年五月十二日に、米国のコンサルティング会社が主催する「世界優秀女性企業家賞」を受賞することとなり、開催地であるオーストラリアのシドニーへ行ってきた。これは、米国企業の賞でありながら、毎年世界各地を廻り、一九九七年より続いているものである。

実は、前年の九月にノミネートされたとの報が入ってきたが、私は受賞を躊躇した。経営者の評価は、社会への本物の貢献であると考える私には、まだまだ未熟で、さしたるグローバルな社会貢献もできていない自分が晴れがましい世界の舞台に立つ資格など見えず、悩み続けていた。年が明け、私の悩む姿を見て、横浜市の職員である友人から、つぎのように示唆をうけた。

「あなたは、授かった四人の子供を育て、嫁という立場で、大姑や姑の介護もして、ひょんなことから創業し、子供の成長を確認して四十七歳で法人を設立した。若くもないし、華々しくもないけれど、人間として悔いのない生き方で、経営者として今日まである生き様は、普通の女性が、世界の賞を頂けたとのことから、次の時代の日本の女性たちの心に、励ましと勇気を与えることができると思う。自分の納得のために、そして、この先もっと精進して、横浜の、日本の、世界の宝となるように頑張ってください。だから、受賞したほうがいいですね」。六十三歳になった私でも、若いこれからの時代の人々の力になれると考えると勇気が湧き、シドニーへ行く決心をした。

近年、若く優秀なキャリアを持つ女性たちが増え、様々な分野へ進出している。そして、世界で女性の能力を無視しては経済や文化の発展もないと言っても過言ではない。シドニーでお会いした女性経営者も、素晴らしいキャリアの持ち主であった。交換した名刺を見る時、逞しい世界の女性経営者の姿が思い出される。「三カンの経営」に、私はさらに二つのカンをつけくわえることにした。

間……ものとものとの間。人間・世間・時間・瞬間

環……まわりめぐること、循環・環境

ビジネスと言う共通のステージで活躍する各国の女性との交流は、今後の私の大きな財産となると考えている。それは、ビジネスを超え、その思いが大きな円となり、平和へも繋がるとも思っている。イギリスの詩人ロバート・ブラウニングの言葉に「小さな円を描いて満足するより、大きな円の一部分である弧になれ」とあるのを思いだしている。

司馬遼太郎は『この国のかたち』という本の中で「ヒトは無人の荒野に生まれず、その民族や、その国家、社会、さらにはその文化の中に生まれてくる」と書かれている。

日本の文化に触れ、日本の誇りにしたいと考え、企業人としてかかわる中で、超越紙分野も含め、私の出願した特許は一〇〇を超えている。

世界化の中、小さな島国・日本の中で、小さな円を描くのではなく、世界という大きな円を繋ぐ弧の一部への努力をしたいと考えている。そして、情報や、文化や、科学や技術を正しく分別し、日本民族としての誇りを失うことなく、後世に若者たちが夢と希望を育める土壌を造る経営者や人間としても満足できる生きざまへの努力を続けて行きたい。「ただ生きるのではなく、良く生きること」を考え、生きる価値の創造を継続していきたいと思っている。

六　非営利組織における運営の公正さをどう保つのか

――日本コーポレート・ガバナンス・フォーラム十年の経験から――

荻野博司

コーポレート・ガバナンスについて、日ごろから論評、報道し、あるいは大学などで講義する機会が少なくないが、ともすれば自らの足元を見据えることなく、他の企業や組織についての分析に終始しがちである。ここでは、われわれが無給のボランティアの立場から十年あまりにわたって運営を続けてきた「日本コーポレート・ガバナンス・フォーラム（ＪＣＧＦ）」をガバナンスの視点から自己検証し、こうした非営利組織のあり方を考えてみることにした。営利を目的とする会社組織にとどまらず、各種の法人や非営利組織においても、とかく独善的な運営や不透明な会計処理が起こりがちである。当フォーラムは、幸いなことにそうした不祥事とは無縁で活動を続けてこられたものの、しっかりとした統治機構が構築されているとは言いがたい。本稿は、自戒を込めての報告である。

一　発足の経緯

まず、当フォーラムの歴史と活動を概観する。設立の契機は、現在も運営委員として活動に参画している筆者を含む数名が一九九四年十月に東京・築地の浜離宮ホールで開催したシンポジウムにさかのぼる。

「コーポレート・ガバナンス」あるいは「企業統治」という用語が、わが国の企業社会において市民権を得たのは、九〇年代に入ってからのことである。その一例として、新聞報道をみるならば、一般紙である朝日新聞（東京本社版）の文中に初めて登場したのは、十二年前にすぎない。[1]

国内外の企業情報に多くの紙面を割いている日本経済新聞でこそ、さらに一年遡ることができるものの、[2]その当時の掲載頻度は年間数件で、近年とは比べものにならない。とはいえ、九二年から翌年にかけて米国ではＩＢＭやゼネラル・モーターズ、アメリカン・エキスプレスといった国際企業で、次々と最高経営責任者（ＣＥＯ）が座を追われる事態が起きていた。その背景を読み解くにはコーポレート・ガバナンスを理解しなければならないことは、会社法や経営学の研究者や企業経営に携わる一部の人々には周知の事実であった。

こうした関心を持つ学者や投資家向け広報（ＩＲ）の専門家らが知恵を出し合って開いたのが、シンポジウムであった。まず欠かせないのは、コーポレート・ガバナンスの定義である。すでに「会社は誰のものかを問うもの」という説明はなされていたが、商法に照らせば最終的な所有者が株主であるのはいうまでもなく、それでは議論が広がりようもない。このため、テーマとして「会社は誰のために」を掲げた。

思いのほか大きな反響があり、三百人近くの企業人や研究者が会場を埋めた。基調講演を快諾された作家の城山三郎氏は「私の知った経営者たち」の演題で、取材を通して知った経営者を取り上げて、今日の企業に欠けている取締役像を話された。[3]きわめて平易な語り口ではあったが、コーポレート・ガバナンスの要諦を鋭く突かれた講演は、その後のフォーラムの活動指針となった。

城山氏はまず、魅力的な経営者として、鈴木商店を総合商社に発展させた金子直吉、倉敷紡績の経営のかたわらマルキシズム研究の拠点ともなる大原社会問題研究所を作った大原孫三郎の二人を取り上げたうえで、そうした企業でも危機を迎え、最悪の場合には破綻してしまう背景について、検討を加えた。

このうち鈴木商店は昭和二年には倒産するが、その一因に金子氏があくまでも鈴木一族の家業の大番頭に徹し、株式会社化が遅れた点を指摘した。トップに対するチェック機能が十分に働かなかったということである。また、現代の監視装置としては、マスコミ、銀行とならび、総会屋をあげられたが、これは出世作である「総会屋錦城」の取材体験からであろう。

そのうえで、もうひとつのチェック機能として、社外重役を位置づけ、石坂泰三、水野成夫、小林中といった戦後史を飾る大物財界人が社外取締役として果たした役割を、「ゲンコツ付きの金屛風」にたとえた。これは東急グループの総帥で、さきほどの三氏を社外取締役などに迎えた五島昇の表現にならったものだが、要は「少しでも変なことをすると、王道を歩かないと、後ろからガーンとゲンコツがくる。それでこそ本当の社外重役だと思うのです。儲ける、儲けないは、二の次なのです」（城山氏）というものである。

二〇〇二年の商法改正で、社外取締役を重視した委員会等設置会社制度が導入され、一方では企業の社会的責任（ＣＳＲ）が注目を集めている。そうした時代の到来や経営監視の実行役となる社外取締役の重要性を指摘した城山氏の達見には、頭が下がる。

このシンポジウムでは、弁護士や研究者、経営者、ジャーナリストを招いたパネル討論会も開いたが、こちらは様々な企業観が開陳されるにとどまり、わが国におけるコーポレート・ガバナンスの本格的な研究や実践は緒についたばかりであることを印象付けるものとなった。

本来なら一度だけの集まりに終わるはずであったが、予想外の参加者を集め、さらに研究領域の広がりも予感させる内容であったことから、シンポジウムの発案者グループや参加者有志のなかから継続的な勉強会を求める声が上がり、研究者と実務家の緩やかな集合体としての「ガバナンス・フォーラム」の発足が決まる。あえて企業統治学会といった名称を避け、交流の場を意味する「フォーラム」としたことには、幅広い意見交換のなかから新たな企業像を打ち出すことを目指す狙いが込められている。翌九五年初めに開催された勉強会は、発足総会を兼ねたものとなり、規約や役員構成などが固まった。

二　活動の趣旨

同フォーラムは、産学協同を目指すものとして発足した。コーポレート・ガバナンスそのものが、会社法を中心に経営学、会計学、社会学、労働法などにまたがり、実務の側も経営者、機関投資家、一般株主、弁護士、公認会計士など幅広い領域を包摂する。ともすれば、特定の研究領域の視点からとらえられ、あるいは実務上の必要から限られた問題にのみ関心を持つ人々は少なくない。

しかし、それでは国際化が進み、資本市場が急拡大するなかで、大きく変容する会社制度の全体像を的確にとらえることは難しい。学会とか実業界といった枠を越えて協力することがなによりも必要となる。そうした問題意識から、理事長や事務局長を研究者と実務家の代表による共同制度としたうえ[4]、理事会や運営委員会も多様な分野の人々で構成することになった。

以下は、当フォーラムの設立趣意書である。現在も行動原則（共同理事長メッセージ）として掲げられている。

『会社は誰のためにあるのか』、『経営のチェックは誰の手によって行われるのか』、こうした疑問を企業制度の原点まで立ち戻って考える研究分野を『コーポレート・ガバナンス』と呼びます。経営者の独断を許さず、一方で目先の利益のみを追求しがちな株主の専横を押さえ、また、従業員には公正な競争の場と雇用の機会を与える。こうした理想を実現するための会社制度を考えるのが最大の研究テーマとなります。

八〇年代まで、順調な発展を遂げてきた日本では、それほどの重要性を認められていなかった分野ですが、転換期を迎え、国内でも注目を集めるようになってきました。そして、その研究対象は、企業制度、雇用、経営者の権限、監査、株主総会、資本市場、国際投資など大きな広がりをもっています。

本会の基本理念として『学際性』『産学協同』『国際性』をあげることができます。この三つの理念は、本会の目標を実現するための道しるべでもあります。本会は以上のような目的と方法論とを旨とし、コーポレート・ガバナンスにまつわる有効な政策提言を行っていくと同時に、新しい学会の可能性を拓くモデルのひとつになりたいと願っています。二十一世紀につながる企業理念を探る本会に、関心を持つ多くの方々の参加を希望します」

三　多様なテーマ

毎年秋に開催する年次大会もすでに十回を超え、二〇〇三年には記念大会を開催することができた。各回の研究主題は多岐にわたるが、その変遷からはこの間に関心の対象がどう変わったのかを見ることができる。まず、各回のテーマをあげてみる。

第一回　会社は誰のために

第二回　コーポレート・ガバナンス論の現在とその可能性
第三回　社会の中のコーポレート・ガバナンス
第四回　企業統治スタイルの新たな合意をめざして
第五回　市場の国際化とガバナンスの進展
第六回　過渡期のコーポレート・ガバナンス
第七回　これからのコーポレート・ガバナンス
第八回　商法改正とコーポレート・ガバナンス
第九回　エンロン後のコーポレート・ガバナンス＝総合テーマ
〈日中韓におけるコーポレート・ガバナンスとわが国会社法＝研究テーマ〉
第十回　新たなコーポレート・ガバナンスの実践と課題＝総合テーマ
〈新たなコーポレート・ガバナンスモデルの理論的課題＝研究テーマ〉
第十一回　資本市場の論理とコーポレート・ガバナンス

当初は、コーポレート・ガバナンスの概念そのものが定着していないなかでの活動であった。また、バブルの崩壊で競争力に陰りが見えた時期とはいえ、いまだに八〇年代の全盛期の余韻が残り、「日本的経営」の優位性を信じる経営者も少なくなかった。一方で、コーポレート・ガバナンスは、貿易交渉や日米構造協議などを通じて日本市場に攻め込む米国の経済戦略の一環との偏見もあった。たしかに、株主利益の重視は、旧来の株式持ち合いや形式的な株主総会といった慣行を根底から問い直すものである。

さらに、構造協議での米国の要求を反映して、九三年の商法改正では株主代表訴訟を提起する環境が整えられた。それまで手数料の算定基準があいまいであったため、東京地裁など裁判所によっては高額の手数料納付が命じられ、一般の株主が提訴することは抑制されてきたが、これが住民訴訟と同じ八千二百円と確定したのである。

こうした、経営者の居心地を悪くするものが、コーポレート・ガバナンスとの誤解が広がっており、それを解くために競争力への貢献や社会変化への対応という視点からガバナンスを取り上げ、理解を深めようと腐心したことが、「可能性」「社会」「合意」といった文言からうかがえる。

しかし、九〇年代後半になると、そうした啓蒙的な性格は薄れ、国際的な視点で捉えられるようになる。ガバナンスについては、それぞれの国が歴史的な背景や競争条件、資本市場の構造などをもとに、試行錯誤を加えていることが認識されるようになった点は大きい。そこでは、欧米の動向にとどまらず、身近な韓国や中国にも目が向くようになった。中韓両国が海外資本の獲得のためにも積極的にガバナンス改革に動いており、それも英米流の社外取締役重視の仕組みを取り入れようとしている事実は軽視できない。一方で、お手本とされてきた米国流の経営監視の仕組みにも大きな欠陥があることが、エンロンやワールドコムの経営破綻で白日の下にさらされ、その後の企業改革法の整備なども含めて、大きな関心を集めた。

二〇〇四年の第十一回大会は、企業経営に対する株主の発言権の拡大、さらには経営権の取得を目指す内外の投資ファンドの活発な動きにも焦点を当てて、そうしたファンドの論理と企業を防衛する側の主張を聞き、論議を交わす場とした。株主、とりわけ機関投資家の存在感は高まっているものの、産業界には株主価値を重視する論調への反発や「人本主義」への礼賛が根強い。そして、今後のガバナンスの方向性をめぐる論争はいまも続いている。

四　活動成果

年次大会や三カ月ごとの勉強会にとどまらず、年報の作成や文献の翻訳活動なども続いているが、特筆すべきは二回にわたったガバナンス原則の策定作業だろう。

これは初代の共同理事長であった中村金夫・日本興業銀行元会長の発議で取り組んだもので、一九九八年の旧原則と二〇〇一年の原則改訂版に分けられる。いずれも経営者や会社法、経営学の研究者、弁護士などの専門家が一堂に会し、職種や研究領域の壁を越えたものとなった。

旧原則は、日本でのコーポレート・ガバナンスの定着をめざしつつも、当時としてはかなり挑戦的な内容となった。監査役制度が基本となったガバナンス構造を前提とする商法の抜本改正などは期待できないと思われていたため、直ちに実行できるA原則と将来の法改正を待つB原則に分けることで原則全体の整合性を保つという苦肉の策がとられた。改訂版がまとめられたのは、わずか三年後であるが、商法改正が視野に入ってきたこともあり、きわめて直截な内容となった。(5)

五　運営の課題

こうした活動を支える組織のあり方について考察する。まず、規約上のガバナンス構造だが、三百人ほどの会員による会員総会があり、ここでは役員選出や本会規約などに関する意思決定を行なうこととされる。とはいえ、会員総会は年次大会と同じ日に開催され、事務局よりの報告とその承認が主となっている。さらに開放的な組織をめざしているため、入会における会員の推薦の義務づけなどはなく、メンバーの流動性も小さくない。ここに大きな監視機能を期待するのは難しい。

実際には、活動内容や会員へのサービスの質が評価され、会費（年間一万円）に見合うだけの還元がないと考える会員は退会という形で意思を表明することになる。ＶＯＩＣＥよりもＥＸＩＴである。

また、理事長のほか十四人の理事によって構成される理事会は、基本方針を審議、決定するが、要職にあるメンバーが多いため、文書持ち回りの理事会が大半となる。重要事項については、とくに出席を求めて、会議形式で審議することもあるが、最近は隔年の開催にとどまっている。このため、日々の業務執行は事務局長と十六人の運営委員による運営委員会に委ねられてきた。

運営委員会は毎月、開催されており、年次大会などの企画、立案、準備といった実務の総ての面に各メンバーがあたっている。原則として、活動には無給であたる。平均して隔月に一度は運営委員と理事長の面談の機会があり、そこで運営の方針が審議されてきた。

運営委員会の基本は、各自の使命感と相互の信頼、監視の構造である。委員には金融や会計、メディアなどの専門家、大学教授が名を連ねており、いずれも不法行為などを起こせば、名誉や社会的信用、地位など失うものはきわめて多い。また、何年にもわたる活動を通じて、専門家として社会的に認知され、あるいは本業や研究に貢献するなど、それぞれがメリットを受けている面もあり、運営委員の顔ぶれは定着してきた。

無給での活動だけに、興味を失い、あるいは自らへのメリットを感じなくなったメンバーは、おのずと運営委員会への参加機会が減り、休眠状態になっている。これにより全体の活動レベルの低下を防ぐことにもなる。

会計については企業会計の水準には至らず、現金主義の会計にとどまるが、会計年度（一月～十二月）が終わり次第、報告書の作成にあたり、公認会計士と大学教授（会計学）の二名の監査委員による監査を受けたうえで会員に報告している。帳票類はすべて、事務局に保管し、会員の求めに応じて開示する態勢をとってきた。

裏付けのない支出は事実上不可能であり、とりわけ飲食費については、運営委員会での承認を義務付けている。これまでのところ、勉強会や行事の打ち合わせの際の軽食費が年に数度、支出される程度にとどまっている。会費や寄付で運営される非営利法人ではコスト意識が薄れがちで、ときに飲食費、出張費などの名目での乱用が見られる。費用の効率性への関心の低さを透明性の高い運営によって補い、エージェンシー問題の現実的な解決を図ってきたことになる。

こうしたボランティア中心の活動では、組織の拡大という面から見ると、制約要件が多くなるのは避けられない。また、事務処理の負担も小さくない。しかし、事務の外部委託については、情報の流失リスクがあるうえ、会員との情報交流などの機会を失う副作用が考えられるため、これまでのところは消極的だった。

経営評議会のような監視機関を別に設ける構想もあるが、積極的に参画するメンバーの確保が前提となる。このため、現実には自己抑制をもとにした組織運営になっている。会費の納入総額は漸増傾向にあるが、この推移が組織のサステナビリティの指標となってきた。

このほか、フリーライドの防止のために、商標登録を行なっている。これにより、当フォーラムの名称や活動実績を利用した営利活動、たとえば高額のセミナーなどに対処する手段が確保されたことになる。

六　特定非営利法人（NPO）化の検討

当面はNPO法人格の取得は計画していない。特定非営利活動を定めた法２条別表14（経済活動の活性化を図る活動）には合致しており、社員の資格の得喪に特別な差別規定がない、役員のうち報酬を受ける者が三分の一以下（当フォーラムはゼロ）であるなど、要件は十分に満たしていると思われるが、任意団体から改組するメリットは見られないためである。

以下の理由からである。

①すでに事務局の借り受けなどの契約は、運営委員名ですませており、賃貸料の支払いなどに不都合はない。

②事業報告書、会計書類の提出義務が生じ、そのためのコスト増は会費に転嫁することになる。

③営利活動は行なっておらず、会費の徴収などもシンポジウムや研究会の費用に充当するための預かり金の性格を持つもので、法人格を必要としない。

④公的助成や委託事業を受ける計画はないし、「所轄庁」を持つことで、特定の官庁などとのつながりを持つことは極力避けたい。

ただし、運営委員の使命感や自己抑制のみに頼る属人的な運営方法がいつまでも通用するのか、という指摘は会員のなかにもある。日本でのコーポレート・ガバナンスの発展、定着をはかるためにも、今後の活動を拡充する必要があり、任意団体では限界があると考えるならば、議論の余地はあろう。また、運営委員会では、学会機能を強化し、研究活動を広げる具体策の検討に入った。今後、理事会や総会での承認を受けなければならないが、フォーラムの名の下に実務部門と学会・研究部門が並立する構造になることが予定されている。そこでは、理事会や総会のガバナンス機能を強化することが求められることも予想される。この点でも、かならずしもＮＰＯ法人化の可能性を排除するものではない。

注

（1）一九九二年九月六日付第1経済面「株主の経営監視、日本でも重要に　米の著名コンサルタント語る」。

（2）一九九一年五月十三日付経済教室「企業、世界の市民権獲得を」。執筆は一橋大学教授・竹内弘高氏。

（3）講演の要旨は、城山三郎「会社は誰のものか―経営者、その魅力と限界」『中央公論』（中央公論社）第一三一七号、一九九五年一月、六八―七七頁。

（4）その後、事務局長は単独制に変わった。日々の運営を預かる役職であり、研究と実務のそれぞれを代表する二人を置く必要性が乏しかったためである。

（5）このうち、旧原則の代表的な条項を紹介する。

【原則11Ａ】

・監査役会の構成員として複数の独立した監査役（社外監査役）を登用し、社内監査役との間で適切に活動の分担を図ることで、監査の独立性と質の充実を図る。

【原則13Ｂ】

・監査の独立性を確保する観点から、監査役の選任にあたっては監査役会の同意を必要とする。同時に、現行の社外監査役に対するいわゆる「五年ルール」は廃止する。

・独立した取締役（社外取締役）が取締役会の多数を占めるようになった時点で、取締役会の内部機関として、監査委員会を設置する。この委員会は、社外取締役のみにより構成され、取締役会が行なう業務執行の監視のうち、特にリスク管理の点に重点をおいて取締役会を補佐することを目的とする。

一方の新原則では、委員会等設置会社の導入が視野に入りだしたことから、その機能についての言及が増えている。

【原則６】各委員会の設置と構成

取締役会はその内部機関として、指名委員会、報酬委員会、監査委員会を設置する。取締役会は、必要に応じて訴訟委員会等、特定の目的の委員会（特別委員会）を置くことができる。

各委員会は、三名以上の取締役によって構成される。

指名委員会および報酬委員会の過半数は社外取締役によって構成され、その内一名以上は独立取締役とする。監査委員会の構成員の過半数は、独立取締役とする。

各委員会の委員長は社外取締役が務める。

（一部敬称略）

七　行政組織におけるガバナンスと政策

石阪丈一

一　はじめに

「行政組織におけるガバナンスと政策」について、私の場合は、地方自治体（横浜市）で働いている一人という立場で報告する。

本論に入る前にひとつエピソード的な話題を紹介したい。国民年金についてさまざまな問題が取りざたされているが、そのひとつに掛け金の「未納」問題がある。

納付率の低下の一因と私が考えているのが、市町村から社会保険庁への事務移管である。社会保険庁の仕事ぶりについても、いろいろ問題があるが、その前に、国民年金の掛け金（保険料）徴収事務が二〇〇二年に、それまでの「市町村への委託事務」から社会保険庁の事務に移管されている。

納付率は、このときから急に下がり始めた。その原因には、雇用動向や、若者の考え方の変化もあると思われるが、大きな要因は、投入している経営資源、とりわけ人と場所の削減である。事務移管に伴って、横浜市の十八の区役所では人員削減＝配置転換が行われているが、その削減分が社会保険庁で増員されているわけではない。

おそらく移管前に比べ、十分の一くらいの人員になっている。事務所数としても市内十八区でやっていたものが、市内五カ所の社会保険事務所になり、市民からすれば、かなり不便になった。

納付率の低下を招いた「事務移管」には、人と場所の削減のほかに、もうひとつの要因がある。それは、「負担と受益の乖離」の感覚である。市町村や区役所での徴収事務が社会保険庁に移管されたことで、「負担と受益」の関係が見えにくくなったため、と私は考えている。区役所であれば、役所（行政）は、住民登録や税金だけでなく、乳・幼児健康診断、子育てから、介護サービスなど種々のサービスを展開しているから、保険年金課が年金保険料を事務として扱っていたときには、「受益」が目の前に具体的に見えていた。しかしながら、社会保険庁では、保険料を納めるだけであるから、「負担」と一緒に「受益」が見えることはない。要するに、負担と受益の切り離しが納付率低下の一要因ではないかと考える。

さて、本論に入ることにする。以下は、本報告の概要である。

（報告概要）

○　庁内分権の推進から地域分権へ

　現場に近いところに権限を発揮させること↓　[政策・施策そのものの進化]＝目的

　[的確な地域ニーズの把握]　と　[サービス自体の質の向上]　→

○　ガバナンスの手法　　決裁権限の委譲　包括予算配分　企業管理者方式の拡大など

○　今後の課題

　「庁内分権の推進とガバナンス確保の統合」

二 「ガバナンス確保」関係者＝行政活動の四人の利害関係者

最初に、ガバナンスの関係者を仮説として、市民、議員、首長、職員の四人と定義する。

①市民
　個人
地縁団体＝町内会・自治会（連合町内会）人格表現としての＝「会長」
共通目的団体＝ＮＰＯ　〇〇協議会（市民運動）人格表現＝理事長、代表者、世話人など
共通利害団体＝企業　企業連合
市民・区民の三つの側面　サービスの受け手　サービスの担い手　サービスの評価者・納税者

②議員
自治体総体としての意思決定代表者
上記市民の（政治的利益）代表者
自治体活動の評価の専任担当者

③首長
自治体総体としての意思決定原案作成者
上記市民の（政治的利益）代表者
行政組織の代表者＝団体としての自治体の運営責任者＝経営者

④職員

サービスを担う従業員

行政組織の構成員＝経営責任職　運営責任職　一般職員

従業員の「団体」としての活動

これらの四人の利害関係者（ステークホルダー）の間で、現実には、行政施策とその実行を巡っての調整が行われている。さまざまな主体間で行われる調整の場面でとくに重要なことは、今回の統一テーマでもある「ガバナンス」である。つまり、ガバナンスの前提となる、主導する行政経営の理念が大切となる。といえば、地方自治法があり、上位には憲法もあると主張する人もいる。そして、それこそ、理念であると言われそうであるが、会社法があり、民法があれば、企業経営ができるわけではないのとまさに同じように、行政経営の理念や基準が、理論としても実践としても求められている。

次に「行政組織におけるガバナンスの実際」に入る前に、民間企業と公共団体とのガバナンスの手法や手段の違いについて、少し述べたい。今日、企業の社会的責任については、そのあり方が直接、企業の消滅にまでつながるとの理解が広がっている。したがって、もともと社会的利益＝公益の実現のために存在している公共団体の方が、よりその責任が強調されているという程度の違いになる。また、公共団体についても、「運営」よりも「経営」のほうが一般化し、重視される時代になっている今日、ガバナンスのあり方を巡っては、民間企業と地方公共団体との間に、それほど大きな違いはない。

しかしながら、大きな違いもある。その重要なポイントは、集約して言えば、「受益と負担の乖離」である。受益と負担が、一対一で対応しない状況にあるということである。企業の場合、市場における商品やサービスに対する評価を通じて、売上高をあげ、利益を追求し、社会的責任を果たしているが、その際、市場での評価が、価格と受益との間に成立し、対価を払うということ、すなわち受益と負担が一対一の対応をしている。

一方、公共団体が行う行政サービスの場面では、「受益と負担」が、乖離し、一対一の対応をしていないものになっている。相対的な言い方になるが、多額納税者は、公的サービスをあまり受けていない。私の個人的な例でいえば、三人の子どもは、保育園も、小中学校、高校、大学も卒業して、就職した現在、子どもに関係する教育委員会や福祉局（文部科学省や厚生労働省）の扱っているさまざまなサービスを受けていない。

言うまでもなく、警察や消防は、基礎的なサービスとして受益しているし、ごみの収集も無料でサービスを受けている。公園が近くにあり、新しい道路が最近できた。これについても、受益をしている。このあたりのサービスは、市民がみな同じように受益をしている。それは多額の税金を払っていることによって、受益しているわけではない。

これに対して、もともと低所得であるとか、種々の控除で、所得税、市民税、県民税をあまり払わなくともよい世帯の場合には、より多くのサービスを受益しているという構図になる。行政のサービスには、さまざまなものがあり、単に生活保護が受けられるか否かということではなく、さまざまなサービスや給付は、所得制限で切り分けるケースが多いことから、「少なく税負担をする人が、多くのサービスを受ける」ものになっている。それは行政の機能の一部でもあり、極論すれば当然のことなのである。

さて、企業の社内統治＝ガバナンスの場合は、企業の経営理念が柱になるが、どのような企業でも、利益の追求と企業自体の存続については自明のこととされている。さらに、従業員の雇用確保や意欲に応えるということについても、表現は違っても「経営理念」に掲げられている。

その中で、顧客第一とか、顧客価値の実現などといわれているが、この場合の「顧客」とは、対価を払う人のことである。利益の源泉は、そこにしかないので、経営努力といい、従業員の努力といい、インセンティブといい、対価を得ることが、経営理念に内包されており、また、社内統治＝ガバナンスの基本にあると考える。この点が、組織におけるガバナンスの確保の手法や従業員へのインセンティブのあり方の「民と公」の違いとして現れてくるわけである。

三　行政組織におけるガバナンスの実際

1　行政組織におけるガバナンスの目標

端的に行政組織におけるガバナンスの目標は、将来にわたって継続的に公的サービスを提供できる財政運営とサービス水準の向上、変化への対応ということにある。しかし、実際はどうなのか、どうあるべきか。この点を横浜市の中田市長の例を紹介したい。

中田市長がまず実施したことは、経営理念の提示である。市長就任の直後に「施政方針」を議会で表明した際、政治家としての政治理念として、また、都市経営の理念とし『民（みん）の力が存分に発揮される都市』を自治体のリーダーとして示している。民間企業の社長が経営理念を提示するのと同様、ガバナンスは、まずは、経営理念の提示から始まることを示したものといえる。

同時に、市長は、時代認識を共有することの必要性を訴え、市民にも、議員にも、職員にも示した認識が、〃非「成長・拡大」の時代〃である。要するに、成長・拡大を前提にしたすべてのシステムを見直すこと、地価の上昇を前提にした、土地の購入、都市開発、税収増を見込んだ財政運営など、すべてを見直すとしたわけである。

中田市長は、財政の実態を公表すると選挙公約で表明してきたが、その後の財政局財政ビジョン担当の試算の結果、いわゆる「外郭団体」を含めた横浜市全体で、六兆円の借り入れ残高中、市税で返済しなければならない部分が約半分の三兆円に上ることが明らかにされたのである。

「成長・拡大」を前提に、問題を先送りしてきたそれまでの行政、都市経営のあり方を改めるには、関係者すべてが、将来に先送りができる時代ではない、という認識に立つことが不可欠であり、その「認識の共有」そのものが同時に都市経営の理念でもあることを示したものといえる。

2　改革の方向性の提示と健全な財政運営の確立

次の課題は、その都市経営の理念や時代認識を、具体の制度や仕組み、運用の改善・改革の方向性、つまりあるべきガバナンスとして示すことにある。

〝あるべきガバナンス〟の表現例として、横浜市の事例を示すと、二〇〇三年三月に発表した「新時代行政プランⅠ」と呼ぶ行政改革計画の意義・役割では、以下のように述べている。

> 基本的で、本質的な行政運営のあり方と取組み課題に対する改革の方向性を示し、厳しい財政状況の中で、必要な行政サービスをまかなうに足る、健全な財政運営を確立するとともに（中略）市民と共有するテキストであり、組織・職員の行動規範である。

このように、定義して、組織風土改革を含めた〝本質的な改革〟を目指すものであり、いわゆる辻褄合わせ「行革」指針ではないことを明確にしている。そして、この「新時代行政プランⅠ」では、市長就任一年足らずで、その後四年分の改革工程表の策定まで進めている。

横浜市の組織に限って考えても、「認識」から「行動」に移り、組織全体の一人ひとりを動かしていくためには、職員の行動原理となっている、人事制度の運用や財政運営の考え方そのものを改革していく必要がある。もちろん、モラールやインセンティブの仕組みをも変えていかなければならない。

3　新時代にふさわしい行政運営のあり方

さて、非「成長・拡大」という時代認識を共有化したうえで、実際には、実事業、実務ではどうしていくのか。これまでの多くの改革・改善事例の場合、市長からの諮問、検討委員会などの答申、指針といった形で、二〜三年間をかけて検討する、という例が多かった。しかし、中田市長は、そうした委員会なども、三カ月とか、半年で結論を得るという、かなりのスピードで解決に着手している。

改革はすべての分野が対象になるが、すべての分野で一斉に始めることもできない。そこで、まずは、わかりやすいところ、そして急がなくてはいけないところから着手することとした。企業経営で言えば、まず、出血を止めることから始めたのである。

まず、さまざまな「あり方検討委員会」などの設置、および公開での検討会を実施している。以下はその具体例である。

①市営交通事業（市営バス、市営地下鉄）――株式会社経営への移行「答申」。当面は、公営企業としての存続を意図した人件費引き下げの実施

②市立病院の経営改革――港湾病院の「直営」から委託運営への転換、市民病院など二病院の地方公営企業法の一部適用から全部適用への改革

③横浜市立大学――地方独立行政法人へ移行

④公立保育所の民間法人への移管――二〇〇四年四月から実施

4　人事給与制度改革の開始

横浜市の人事給与制度は、都道府県や他の政令指定市と比べて、先進的な取り組みになっている。特に、管理職層を対象とする制度や運用は、〝自治体業界〟では、遜色がない。ただし、一般職員については、どうも芳しくなく、特に現業職については、改善の余地が大いにある。したがって、上述の新時代行政プランのアクションプ

ラン（二〇〇五年十一月）でも、ここに最もウェイトが置かれている。

経過は省略するが、すでに、二〇〇四年に入って、種々の改革が着手されており、特殊勤務手当ての半減、職員の定期配置転換制度の改革、などが進んでいる。そして、一般職員についても人事考課制度が試行されることになっている。

四　庁内分権の推進と区（地域）への分権

組織風土の改革を含めた、〝本質的な改革〟の推進という要請に対しては、「市長・副市長などの特別職」からのトップダウンだけでできるものではない。それは、言うまでもないことである。というより、今回の改革は、そのプロセスそのものも、新しい試みで進められようとしている。そのひとつが、いわゆる「庁内分権」である。これは、経営学的に言えば、「エンパワーメント」ということである。

それは、現場の意欲と現場での知恵を尊重することであり、現場に近いところがよりニーズをつかみやすく、かつ、反映しやすいことを意味している。すなわち、以下が行われる。

①現場に近いところに権限を発揮させる。
②決裁権限（＝責任）を移譲する。
③包括予算枠を各局長へ配分する。
④企業管理者の実質的な機能拡大（地方公営企業法全部適用の拡大）
⑤地方独立行政法人化（市立大学）
⑥十八区への分権と庁内公募による区長の任命

これらは、いずれも、各局・区長に対して権限を与えるものであるが、同時にそれは、局長・区長に責任を取ってもらう（実際、どれだけの取り方ができるかは不分明であるが）ことである。そして、企業会計基準に従って経理を行い、公営企業法をすべて適用して、企業と同様の手法を使って経営する部局を増やすことである。それ以外にも、こうした考え方の良いところを極力取り入れるようにする。ひとつの局を「企業」と同じように経営させるという、そうした取り組みが現在進められている。

五　課題としての「庁内分権の推進とガバナンス確保の統合」

さて、自治体の場合、ガバナンス関係者には、冒頭に述べたように、四つの主体が存在している。そして、すでに示したとおり、自治体の目標や評価対象は［施策・政策そのものの進化］にある。

ここでは三点に絞って、課題を整理してみたい。

1　まず、求められる水準をどのようにして決定するのか。

ここでも、重要なのは、あるべき施策・政策の決定プロセスである。

①「市民」がかかわるプロセスであること――最初の仮説にある市民の三つの属性、つまり**サービスの受け手、サービスの担い手、サービスの評価者・納税者**のうち、**サービスの評価者・納税者**としての市民が重要となる。

②「議員」および議会のかかわり方――これについては、議会機能それ自身の進化が求められる。具体的には、**自治体活動の評価の専任担当者**が重要となる。

2　改革が求められる仕組みと制約

改革のさまざまな取り組み、とくに公務員の働き方については、最も重視されている。要するに、人事給与制度改革が、不可欠であるということである。
①国のレベルでの公務員制度改革を待つのではなく、先進的におし進めていくことが重要である。
②現状では「行政」という業界での経営水準の比較にとどまっている。しかしながら、今後は、「世間」に通じる言葉で説明できなければならない。

3　統一的運営事項と局長、区長の自律的運営

分権やエンパワーメントは、経営理念が統一され、それが浸透されることを同時に要求しているわけであり、部局やエリアごとに施策の基本が違うことになれば、一つの法人＝団体とはいえないことになる。庁内分権の推進とガバナンスの確保について、横浜市の現在の手法は、以下のふたつをもとにしている。
①企業管理者を置く部門については、地方公営企業法に準拠した自立型経営へ切りかえていく。そして、部門責任を求める形でガバナンスを確保するようにしている。
②一般の部局と十八区役所などのいわゆる管理部門（都市経営、総務、財政、市民局など）の所管事務（統一的運営事項）については、どのように関与を縮小していくのか、また、いかないのか。このいかんによっては、ガバナンスの喪失のおそれが生じる。
なお、統一的運営事項には、決裁権限、組織編制、勤務日・休庁日、人事給与制度、人員配置基準、人材育成方針、受益者負担水準、補助金支出方針、などが含まれる。

結論的にいえば、企業管理者を置く部門は、その中で自由に、それ以外は、統一的な運営の基準を明確にしていくこと、基幹的サービスについては、そのあり方についてなんらかの統一的な説明が必要になるように思われる。

Ⅱ 論攷

八　コーポレート・ガバナンス政策としての時価主義会計

――M・ジェンセンのエージェンシー理論とF・シュミットのインフレ会計学説の応用――

菊澤研宗

一　はじめに

この論文の目的は、一見全く関係のないジェンセン（M. C. Jensen）によって展開されたエージェンシー理論とシュミット（F. Schmidt）によって展開された古典的なインフレ会計論を組み合わせることによって、今日、デフレ状況下で取得原価主義に従う日本企業の内部ではエージェンシー問題が発生しており、その解決案として時価主義会計を実行することが急務であるという結論を引き出すことにある。今日、デフレ状況で、企業が時価主義会計を遂行すると、いたずらに日本企業が破綻し、日本経済が悪化するとの懸念から、政治的判断によって時価主義会計の実行が遅らされてきた。しかし、これが逆に日本経済を悪化させることになる。このことを説明するために、以下、まずジェンセンのフリー・キャッシュ・フローの理論について簡潔に説明し、次にシュミットのインフレ会計論について説明する。そして、これら二つの理論を組み合わせることによって、デフレ状況下で、今日、日本企業が行っているように取得原価主義会計を遂行すると、企業内にエージェンシー問題が発生するとともにデフレもまた進行することを説明する。最後に、このような状態を阻止するためには、できるだけ早く時価主義会計を実行する必要があることを説明してみたい。

二　M・ジェンセンのフリー・キャッシュ・フロー理論

1　フリー・キャッシュ・フロー

まず、ジェンセンによって展開されたフリー・キャッシュ・フローの理論(1)について説明する。「キャッシュ・フロー」とは、企業をめぐる現金の流入流出額であり、会計的にいえば営業利益に減価償却を加えた額である。ここから、さらに採算がとれる活動への再投資額を引いて残る金額つまり自由に使えるお金が「フリー・キャッシュ・フロー」となる。ジェンセンによると、フリー・キャッシュ・フローは、もし使う機会がなければ、本来、配当として直接株主に還元するか、あるいはその資金によって自社株を購入し株価を上げるという形で、間接的に株主に還元すべきお金であるとする。しかし、実際には、経営者はこのフリー・キャッシュ・フローを株主に還元することなく、自己利害を追求するために、隠れて非効率に利用している可能性があるとする。なぜか。

2　フリー・キャッシュ・フローをめぐるエージェンシー問題

ジェンセンは、この現象をエージェンシー理論(2)によって説明した。この理論によると、すべての人間関係はプリンシパル（依頼人）とエージェント（代理人）関係で分析される。しかも、プリンシパルとエージェントの利害は互に必ずしも一致せず、両者の情報も非対称的とみなされる。このような状況では、エージェントはプリンシパルの不備につけ込んで、悪しき非効率な行動を行う可能性がある。これがエージェンシー問題であり、これを解決するために様々なガバナンス制度が展開されるとする制度理論がエージェンシー理論である。

この理論にもとづいて、いま株主をプリンシパルとし、経営者をエージェントとすると、まず両者の利害は必ずしも一致しない。一方で、株主は株価あるいは配当の最大化に関心があるが、他方で経営者は株価や配当には関心がなく、自己の名声を高めることに関心をもつ可能性がある。また、一般に株主よりも経営者のほうが企業内の私的情報を多くもっており、株主と経営者との間には情報の非対称性も存在する。

このような状況では、経営者は株主の不備につけ込んで、企業内にあるフリー・キャッシュ・フローを非効率に利用する可能性がある。例えば、自分の名声を高めるために、必要以上に従業員を雇ったり、必要以上に豪華な本社ビルを建設したりする可能性がある。特に、ジェンセンによると、鉄鋼産業や石油産業のような成熟産業内の企業では、投資すべき新しい投資機会をみつけることが難しいため、企業内部に多くのフリー・キャッシュ・フローが発生し、まさに経営者のモラル・ハザードが起こりやすい状況にあるとする。

３　M・ジェンセンの解決案とその限界

こうした経営者の非効率な行動を抑制するコーポレート・ガバナンスの方法としてジェンセンが注目したのは、株式市場を利用した敵対的買収の脅威、特に負債にもとづく企業買収（LBO：Leveraged Buy Out）であった。なぜこれが効率的なガバナンスなのかといえば、株式市場を利用した敵対的買収には、企業内に現存するフリー・キャッシュ・フローをめぐる経営者の非効率な利用を抑制する効果があるからである。

しかし、単なる敵対的買収による脅威だけでは、将来にわたって発生するフリー・キャッシュ・フローの非効率な利用をも抑制するような効果はもちえない。何よりも、ジェンセンによると、将来にわたって発生するフリー・キャッシュ・フローを含めて経営者の非効率な行動を統治するためには、企業を借金づけにすること、つまり負債によるコントロール機能が有効だと主張した。負債があれば、経営者はフリー・キャッシュ・フローを将来にわたってまじめに使うと考えたのである。

したがって、もし現在多額のフリー・キャッシュ・フローをもち、将来もまた多額のフリー・キャッシュ・フローを生み出す可能性があり、しかも自己資本中心の財務構造をもった企業があるならば、そのような企業ではフリー・キャッシュ・フローをめぐって経営者のエージェンシー問題が発生する可能性がある。それを事前に抑止するために、ＬＢＯによってそういった企業（キャッシュ・カウ）を買収し、負債中心の財務構造に変えてしまえばよい。これがジェンセンの考えである。

しかし、フリー・キャッシュ・フローが企業内でどれだけ存在し、それがどのように利用されているのかを正確に知ることができなければ、投資家はあまりにも強い疑念のもとに過度に敵対的買収を展開し、効果的に企業統治できないだろう。では、会計情報が不正確になるのはどのような状況か。これを研究していたのが、ドイツの経営経済学者Ｆ・シュミットである。

三　Ｆ・シュミットの価格変動会計理論

１　会計からみた企業行動モデル

さて、シュミット(3)は、第一次大戦後のドイツの異常なインフレを加速したのは単に貨幣量の増加だけではなく、取得原価主義会計にも問題があったことを指摘した。以下、彼の議論を図１のような簡単な会計行動モデル(4)を用いて要約してみたい。

まず、図１のプロセス１では、どんな企業もビジネス・プランに従って「資本」を調達する。調達された資本は、生産活動を行うために必要な材料や設備などに投資され、貸借対照表上、様々な「資産」が形成されることになる。

図1　企業の会計行動モデル

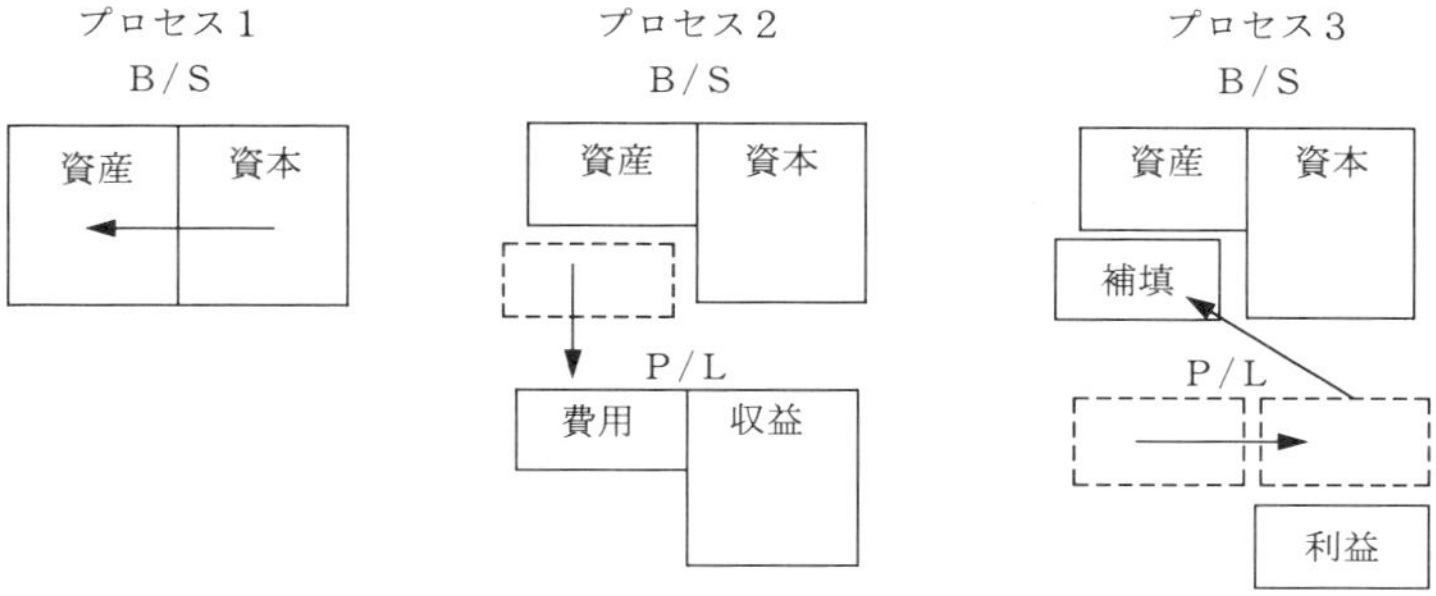

次に、プロセス2では、これらの資産の一部を利用して生産活動することによって貸借対照表上の資産の一部は「費用」として費消される。そして、その費消額が損益計算書上に「費用」として計上される。しかし、生産活動によって生み出された製品は販売されるので、企業には「収益」が発生し、これら費用と収益が損益計算書上に計上されることになる。これがプロセス2である。

最後に、プロセス3では、この費用部分に対応する収益部分が貸借対照表の資産の費消部分に補填され、企業は再びプロセス1の資産状態に戻る。そして、費用を引いて残る収益部分が「利益」となる。

ここで、もし利益がすべて配当として株主に分配されるならば、企業はプロセス1に戻り、前と同じ額の資本額で生産活動することになる。これに対して、もし利益が企業に内部留保されるならば、企業はより大きい資本額のもとに経営を展開でき、企業は成長する。もしマイナスの利益つまり赤字ならば、企業は費用部分を補填できないので、企業の資本額は減少することになり、縮小する。

2　取得原価主義と実体資本の関係

以上のような会計行動モデルにもとづいて、シュミットの議論を要約しよう。いま、インフレ状況にあり、すべての価格が上昇している状況で企業が取得原価主義にもとづいて会計を行っている状況について考えてみたい。

この場合、図2より、もしプロセス1で貸借対照表上の資産が取得原価にもとづいて評価され続けているとすれば、インフレ状況では企業は図2の黒い部

図2 インフレと取得原価主義

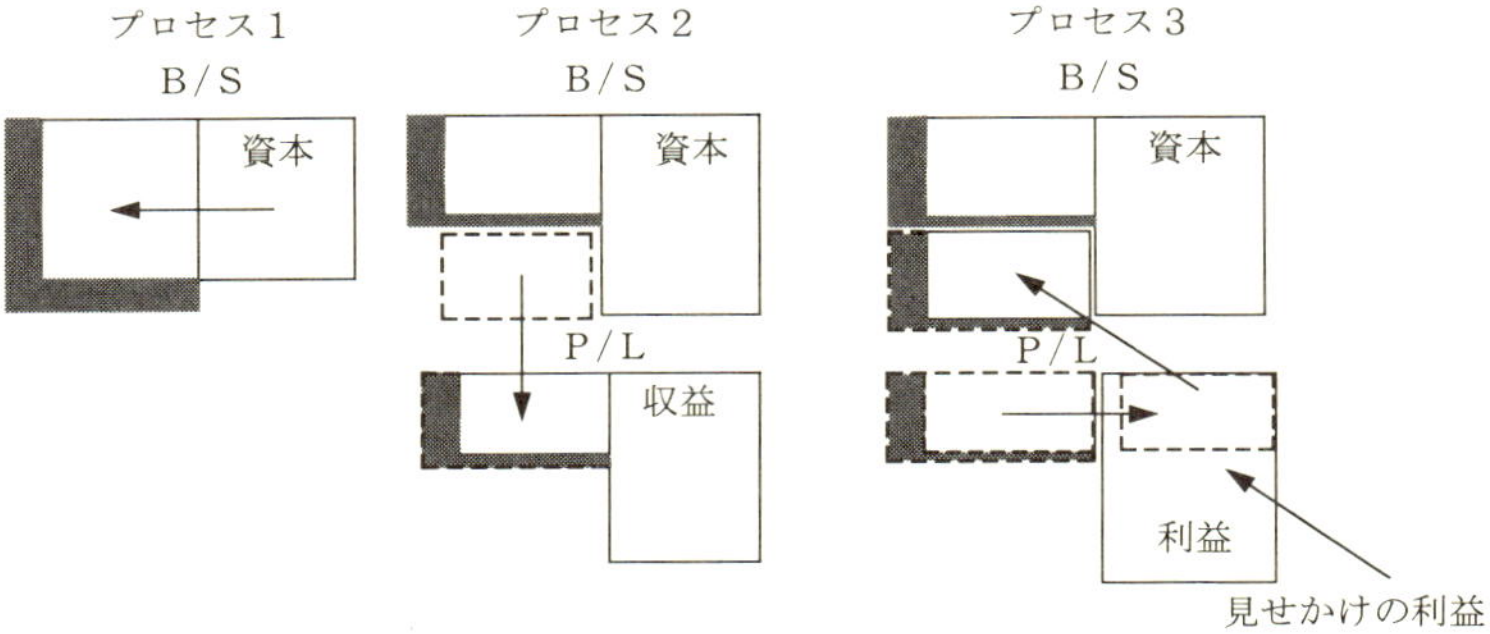

分で表されている含み益つまり「見えない資産」を実際には保有している状態となる。

こうした状態で生産活動を始め、プロセス2で取得原価主義に従って費用計算すると、費用は過少表示されたまま損益計算書上に計上される。つまり、インフレなので実際にはもっと費用がかかっており、図2のように実際の費用は黒い部分を含めた額となる。そして、プロセス3で、この過少表示された費用額に対応した収益額だけが補填される。しかし、この額ではインフレ状況で前と同じ実体資産つまり原料や材料を再調達できない。というのも、インフレ状況では、すべての価格は上昇しているからである。

このように、もしインフレ状況下で取得原価主義会計制度を採用すれば、名目的に資本は維持されるが、企業の実体資産は減少する可能性がある、つまり実体資本を補填できない。これが、シュミットの主張であった。

3 取得原価主義とインフレの関係

では、企業の実体資本の減少部分はどこに消えたのか。それは、図2のプロセス3で実は「見せかけの利益[5]」として計算されているのである。つまり、費用が過少評価されたため、利益が多めに計算されているのである。そして、もしこの「見せかけの利益」を含むより多くの利益が直接配当としてあるいは何らかの形で間接的に人々に分配されたならば、人々は予想以上の所得を得ることになるので、一方で労働市場では人々は労働時間を減らして余暇に

図3　見せかけの利益の存在

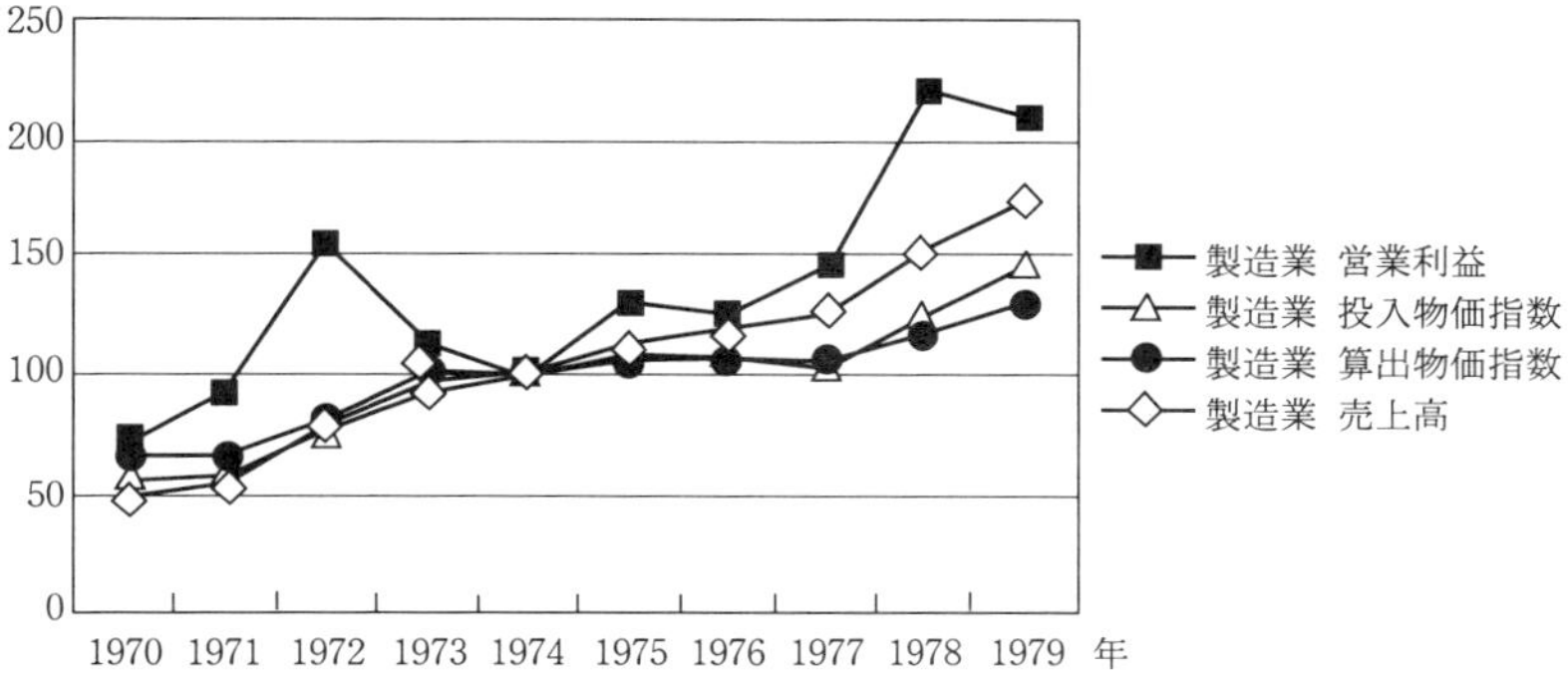

（注）『東洋経済 経済統計年鑑 1982』より作成。

振り替えようとする。それゆえ、労働供給は減少し、労働市場は超過需要状態になるので、賃金は上昇する。他方、人々は所得が増加するので、生産物市場でも需要が増加し、そのために生産物市場でも超過需要状態となり、生産物価格も上昇する。こうして、再び価格は全面的に上昇し、インフレが進行することになる。

　このように、もしインフレ状況下ですべての企業が取得原価主義にもとづいて会計を行うと、見せかけの利益が計算され、しかもそれが何らかの形で人々に分配されると、一方で企業の実体資本は減少し、他方で貨幣量の増加なくインフレが加速することになる。これがシュミットのインフレ会計理論の内容なのである。

　では、インフレ状況で取得原価主義で費用計算すると、本当に「見せかけの利益」が計算されうるのか。図3は、一九七〇年代の日本の製造業に関するグラフである。七二年と七八年は、オイル・ショックで価格が急上昇した時代であり、この表は七四年を一〇〇とした営業利益、投入物価指数、産出物価指数、売上高がどのように変化しているのかを示している。図3のように、売上高と投入・産出物価指数は同じように上昇しているが、利益だけは価格が急上昇した七二年と七八年に異常に上昇している。これは費用を取得原価で計算したために、「見せかけの利益」が大幅に計算されたのではないかと考えられる。

図4　デフレと取得原価主義

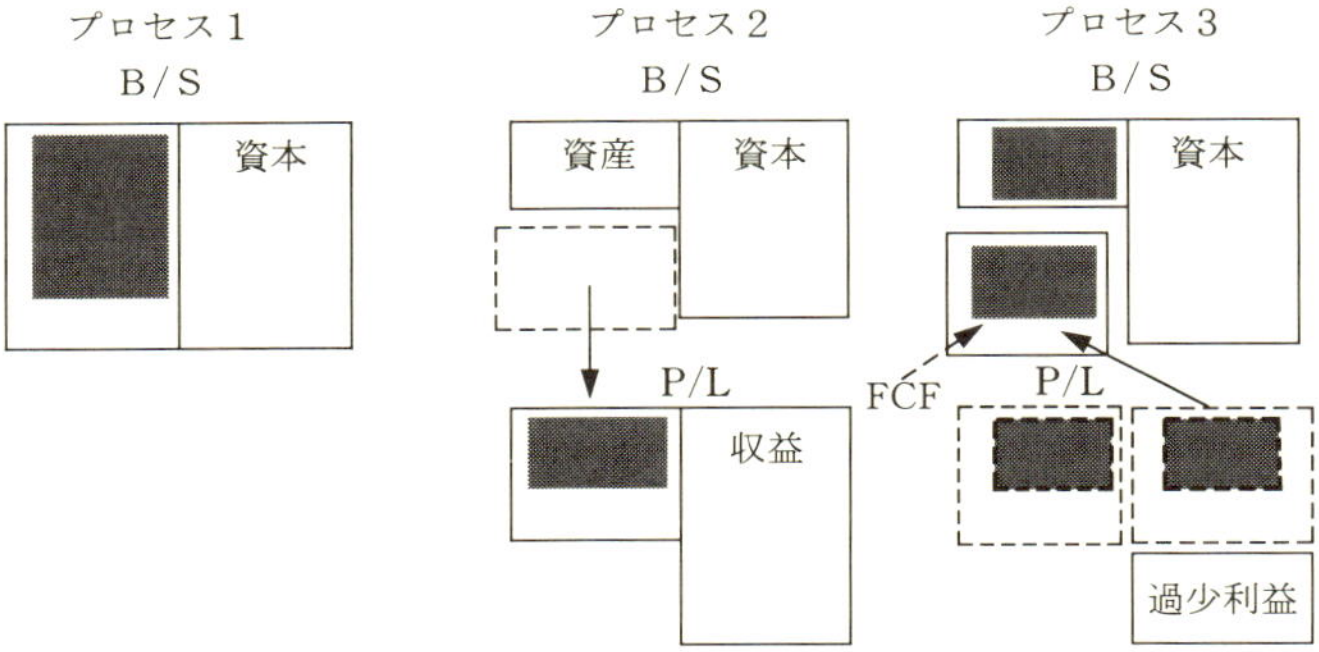

四　ジェンセン学説とシュミット学説の現実への応用

さて、以上のような新旧二つの理論を組み合わせてみると、現在のようなデフレ状況下で、取得原価主義会計を行っている日本企業の内部に、どのような問題が起こりうるのか。これを図4にもとづいて説明してみたい。

（貸借対照表）　まず、デフレ状況で日本企業が取得原価主義にもとづいて資産を評価しつづけているとすれば、図4のプロセス1では、企業資産は過大表示されており、実際の資産は図の黒い部分で表され、その差額は含み損つまり「隠れた損失」となる。このように、本来、損失が発生しているが、それが会計上に表れないため、経営者は利害関係者に対してストックをめぐるマイナスの側面を隠しつづけることができ、この事態に積極的に対処しようとはしない。このように、取得原価主義が生み出す情報の非対称性が経営者の怠慢経営や手ぬき経営といったエージェンシー問題を助長することになる。

（キャッシュ・フロー計算）　しかも、こうした状況で生産活動を始めると、プロセス2では損益計算書上の費用は、取得原価にもとづいて費用計算されるので、本来は図の黒い部分が費用であるが、今度は過大評価されて費用は計上されることになる。そして、プロセス3でこの過大評価された費用額に対応した収益部分が補填される。それゆえ、名目的には以前と同じ資金額が企業内部に補填されるが、実質的にはデフレなので前よりも多くの実体資産を購入できる資金が企業内部に残される。この名目と実体の差額である現金は、企業経営者にとって隠れて私的に流用できる「フリー・キャッシュ・フロー（ＦＣＦ）」となる。このように、取得原価主義がもたらす情報の非対称性は、フローの側面でも、経営者のモラル・ハザードを助長することになる。

（損益計算） さらに、この過大なフリー・キャッシュ・フロー部分は見せかけの費用として損益計算されているため、この見せかけの過大な費用部分だけ利益は過少評価されることになる。このように利益が過少評価され、過少評価された利益が何らかの形で人々に分配されると、人々は所得の減少を感じるので、余暇時間を減らし、労働時間を増やそうとする。それゆえ、労働市場では超過供給状態となり、賃金はさらに低下することになる。他方、所得は減少するので、生産物市場でも需要が減少し、生産物価格も低下する。こうして、貨幣量の減少とは無関係にデフレスパイラルが進行する。

以上のように、デフレ状況下で取得原価主義会計を取り続けると、ストック（貸借対照表）のみならずキャッシュ・フローをめぐっても経営者のモラル・ハザードを助長する。さらに、利益も過少計算され、これが労働市場でも生産物市場でも超過供給を生み出し、デフレスパイラルを促進させるのである。図5から、今日、日本企業は意外に高額のフリー・キャッシュ・フローを抱えていることがわかる。しかも、今日、日本企業は自己資本比率が高まり、これまでのような借金返済を念頭においた経営をする必要性が少なくなっている。このように、今日、資金がダブっているにもかかわらず、経営者は成果賃金制度を導入し、さらに資金を捻出しようとしている点には矛盾がある。このような状況では、経営者のエージェンシー問題が発生しているのではないかと思われる。

図５　製造業のフリーキャッシュフローと各要素の推移

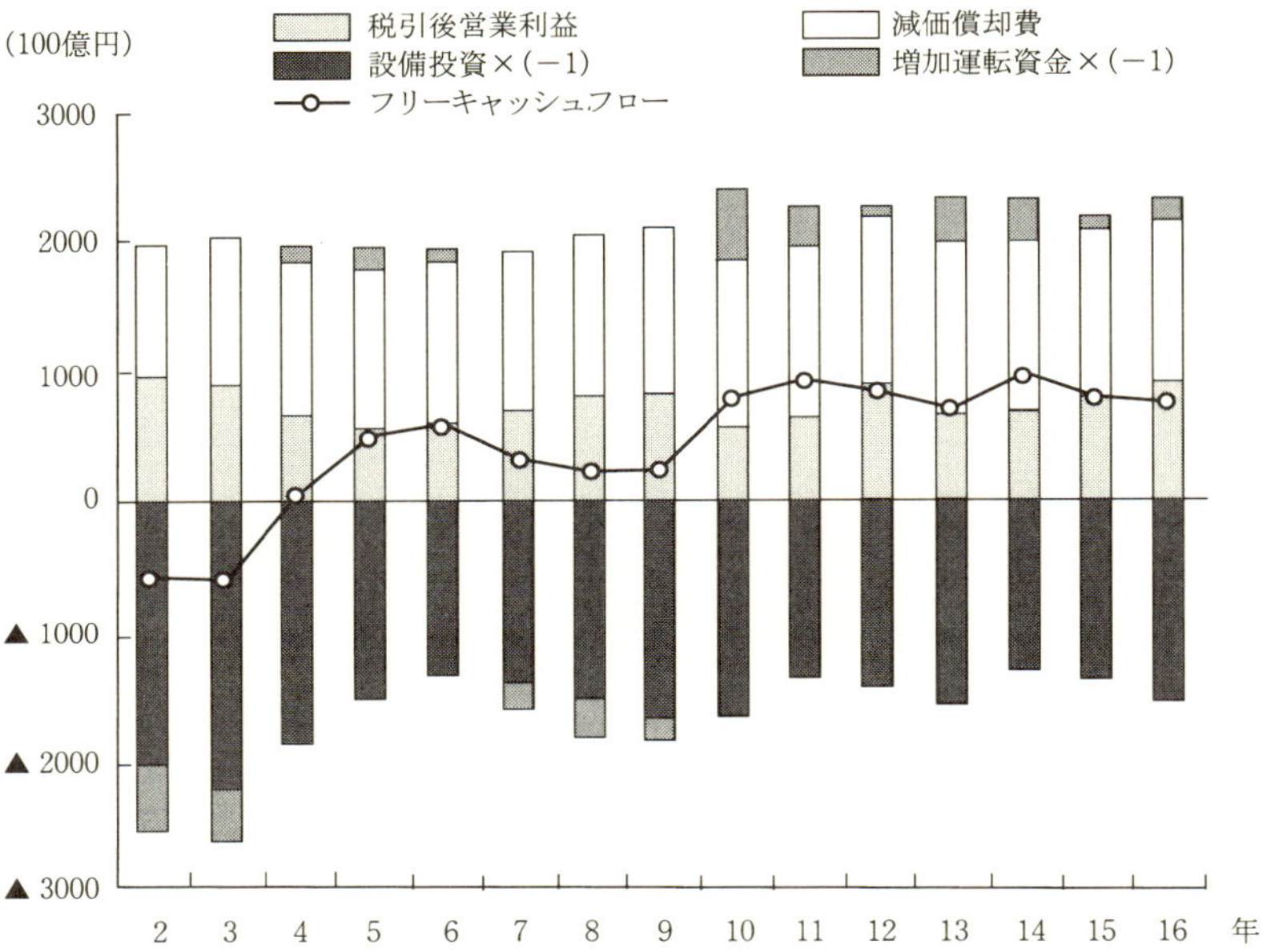

（出所）　経済産業政策局（2004）「産業活動分析：企業のフリーキャッシュフローと経営の状況」100頁。

五　結　論

以上のように、価格変動状況下で取得原価主義会計を行うと、名目資産と実体資産が乖離し、利害関係者と経営者との間の情報の非対称性が拡大し、これが経営者のエージェンシー問題を助長することになる。この問題の発生を抑止するためには、時価主義会計を実行することが正しい政策となる。価格変動状況下では、常に時価主義にもとづいて現状を再評価し、表示することが名目資本と実体資本を一致させる唯一の方法なのである。そして、これによって利害関係者と経営者との間の情報の非対称性は緩和され、経営者のモラル・ハザードは抑止されやすくなる。しかも、デフレを促進させることもない。確かに、かつてシュマーレンバッハ（E. Schmalenbach）[6]が指摘していたように、資産をいかに時価評価するかは非常に難しい問題である。しかし、ここでの議論は、単に有形資産をめぐる議論にとどまらない。今日、問題となっている会計上に表れない技術・ノウハウやブランドなどのオフバランスと呼ばれる知識資産をめぐる議論にも関係している。[7] 知識資産の時価が変動すると、それを効率的に利用するために価格変化に対応した効率的なナレッジ・マネジメントが必要となる。しかし、今日、日本では取得原価主義にもとづき取得原価が明確な知財だけ計上が許され、自己創設ブランドや技術・ノウハウが計上されないため、株主や債権者や社内研究員等の利害を無視した非効率なナレッジ・マネジメントを経営者は展開している可能性もある。このような知的財産をめぐる経営者のエージェンシー問題の発生も抑止し、より効率的なコーポレート・ガバナンスを展開するために、できるだけ早く時価主義会計政策を実行することが有効なガバナンス政策になると思われる。

注

（1）ジェンセンのフリー・キャッシュ・フローの理論については、Jensen, M. C., "Agency Costs of Free Cash Flow: Corporate Finance and Takeovers," *American Economic Review* 76, 1986, pp. 323-329. Jensen, M. C., "Takeovers: Their Causes and Consequences," *Journal of Economic Perspective* 2, 1988, pp. 21-48. に詳しい。

（2）ジェンセンの実証的エージェンシー理論については、Jensen, M. C., and W. H. Meckling, "Theory of The Firm: Managerial Behavior, Agency Costs and Ownership Structure," *Journal of Financial Economics* 3, 1976, pp. 305-360. に詳しい。また、その説明およびその応用については、菊澤研宗『日米独組織の経済分析』文眞堂、一九九八年と菊澤研宗『比較コーポレート・ガバナンス論』有斐閣、二〇〇四年を参照。

（3）シュミットのインフレ会計理論については、Schmidt, F., *Die Organische Tageswertbilanz*, 3. Aufl. Leipzig 1929.（平井泰太郎監訳・山下勝次訳『有機的貸借対照表学説』同文舘、一九三四年。）また、それを理論的に解釈しなおしたのが、菊澤研宗『市場と財務の相互作用』千倉書房、一九九二年である。

（4）このモデルは、菊澤研宗『前掲書』一九九二年に詳しく説明しているので、参考されたい。

（5）「見せかけの利益」については、Schmidt, *a. a. O.* に詳しい。

（6）このシュマーレンバッハの議論については、Schmalenbach, E., *Dynamische Bilanz*, 5. Aufl. Leipzig 1931.（土岐政蔵訳『動的貸借對照表論 上・下』森山書店、一九四〇年）に詳しい。

（7）現代の会計をめぐる状況については、中島康晴『時価・減損会計の知識』日本経済新聞社、二〇〇三年に詳しい。

九　組織コントロールの変容とそのロジック

大月博司

一　問題設定

組織は目標達成を支援するコントロール・メカニズムを数多く確立してきた。ところが、その内容を見ると、組織コントロールには多様な側面のあることがわかる。たとえば、組織の経営資源に関する組織内コントロールや、組織のステークホルダーにかかわる組織外コントロールである。こうした組織コントロール現象が広範囲に生起するようになったのは、経営学の理論的発展が進む一方、技術革新が進み、実践的にコントロールの効果を発揮できる状況となり、その範囲やレベルを拡大できるようになったからである。すなわち、組織における各業務を対象とした部分的なコントロールから、組織全体のコントロール、および組織間やステークホルダーとの関連においてもコントロール現象が起こり、実践されるようになってきたのである。

本稿では、組織行動に関わるコントロールの問題に焦点を当て、環境変化を背景とした組織コントロールの変容を踏まえながら、その新しいロジック[1]の解明を図るものである。

二　組織内コントロールから組織外コントロールへ

コントロール概念は、「是正措置」、「影響プロセス」、「目的関数の最大化策」など、論者によって捉え方に違いがある。そうした中で組織コントロール論は、これまで計画や予算との関わりを軸に、マネジメント機能の一環であるコントロール論（Anthony, 1988）として議論が展開されてきたが、しだいに、コントロール対象を拡大し、組織コントロールの多面性を問題とするようになった。

組織コントロールの対象を明確に規定しようとすると、それを捉える時点に応じて、事後コントロール、事前コントロール、現時コントロールに識別できる。また、情報伝達の観点から、アウトプットを起点とするフィードバック型、インプットを起点とするフィードフォワード型、システムの外部を起点とするオープンループ型のコントロール・タイプに分けることができる（Gerloff, 1985）。こうしたコントロール対象の捉え方については、さらに、組織内の業務レベル、組織レベル、組織外の組織間（ステークホルダー）レベル（Dekker, 2004）においても可能であり、それぞれをベースに多様な観点からコントロール論が展開されている。(2)

たとえば、組織レベルにおけるコントロール論は、基本的に、支配連合体による決定前提のコントロールとして展開される（Thompson, 1967）。支配連合体によるコントロールは、実際の業務行為が適切かそうでないかを判断する彼らのもつ知の前提から派生するものであり、したがって、そこでコントロール対象となるのは、組織行動とその行動から生み出される成果であり、それを監視・評価するプロセスがコントロール・メカニズムの核心となる。一般に、組織の成果は客観的な数値で把握できる場合が多く、もしそれが容易に把握できて妥当なものなら、成果がコントロールされることになるが、反対に、成果の測定が容易でなく妥当性にも疑問が生じる場合には行動がコントロールされることになる。

組織のコントロール問題は、管理論中心だった経営学が組織論や戦略論を中心に展開されるようになったことと連動して、業務レベルから組織レベル、組織間まで広がってきたといえる。とはいえ、組織のコントロール側面として共通するのは、インプット↓処理↓アウトプットの各側面で捉えることができるという点である。具体的にいえば、インプット側面は、仕事の生産性を高めるのに必要な技能や態度をもつ人を確保しようとするリクルート活動においてみられる。これは、フィードフォワード型のコントロールであるが、応募者の仕事に対するモチベーションやコミットメントの程度を直接観察できないため、実際のコントロールは難しい。処理側面においては品質コントロール（QC）の場合が該当する。その他、組織コントロールの実践は、報酬システム、制裁措置、社会化、組織文化、リーダーシップといった組織の具体的な局面において記述可能である。これらは、組織メンバーを方向づけモチベートするという意味で組織レベルにおけるコントロール・メカニズムといえる。

いずれにせよ、組織コントロールの論者は、それぞれの理論的背景から有効なコントロール・メカニズムを明らかにしようとしてきたのである。しかし、そのほとんどは、業務レベルなど、特定の分析レベルにおける効率性追求のコントロールのみに焦点を合わせたものであり、組織行動の部分的なコントロール・メカニズムの解明が主であった。また、それらをベースに組織全体のコントロール有効性を高める統合の試みもなされたが、効率性を軸とした限定的なものにすぎなかった（Flamholtz, et al., 1985）。そうした中で、環境変化への組織対応が求められるようになるにつれ、しだいに、組織内の部分的なコントロールから組織全体のコントロール、組織外のコントロールへと広がりを見せるようになっていったのである。そこで問題となったのは、安定した環境下で有効な効率性を図るコントロールに対して、環境変化に対して有効な柔軟性を図る組織のコントロール・メカニズムはどうなるのであろうか、ということである。

三　環境適応の戦略コントロール

組織コントロールは環境変化との関係を無視することができなくなり、そこで展開されたのが、戦略のコントロールである。それは、環境適応を図る戦略の策定、実施、評価という戦略マネジメント・プロセスにおけるコントロール問題の解明が意図されている。したがって戦略コントロールは、基本的に、組織における戦略策定と実施を有効な資源配分によって実現するためのものであり、具体的には、戦略の前提コントロール、戦略的監視という三段階で構成されると見なされる（Schreyögg & Steinmann, 1987）。しかし、こうした戦略のコントロールは実践上うまく活用されてこなかったというのが事実である。Goold & Quinn（1990）はその状況を、戦略コントロール論のパラドックスと捉え、実践志向の戦略コントロールの理論が発展すれば発展するほど実践との乖離が進んでしまうという傾向を指摘した。もっとも、コントロールのパラドックス現象は戦略レベルに限られるものではない。

また組織の戦略は、実際上、トップダウン的な「意図した戦略」とボトムアップ的な「創発戦略」が同時に並存しており、戦略のコントロールとして求められるのは、意図した戦略と創発戦略の二つをうまく調節することである。それは、別の観点からいえば、当初に意図した戦略を効率的に実行するとともに、革新性のある創発戦略の実現を可能とするコントロール・メカニズムの必要性を意味している。Mintzberg（1994）によれば、こうした戦略のコントロールには二段階のプロセスがある。すなわち、第一は、実現した戦略を行動の流れのパターンとして追跡し、当初に意図した戦略の計画的実現だけでなく、当初に意図しなかった創発戦略の実現を考慮に入れるものである。第二は、伝統的なコントロールの方法で、現実に実現した戦略が組織にとっていかに効果的であったかを考察するものである。戦略のコントロールにおいては、組織の成果に関係づけることが求められ、計画作成がうまくいったかどうかは関係ない。

このような理論的な背景の下で戦略コントロールの可能性が広く認識されるにつれ、組織の実践においては、一方で目標の効率的達成を図りながら、他方で革新性を追求するという、相反する方向性の違いを巧く操縦しながら組織を持続的発展軌道に乗せることが求められるようになった。そこで、そうした戦略コントロールを有効に実現するには、組織メンバーに自由（創発性）を与えるとともに、当初の設定目標に向けてメンバー一人ひとりが効率性の高い働き方をするようにモチベートすることが不可欠ということになる。

効率性の追求と革新性の追求というパラドクシカルな状況を巧く操縦するために、Simons (1995) は、信条システム、境界システム、診断型のコントロール・システム、双方向型のコントロール・システムというそれぞれ相互に関連し合うシステムを基本的なコントロール・レバーとして活用することを主張している。彼は、こうした四つのコントロール・レバーを選択的に活用することにより、戦略の実行ばかりでなく形成についてもコントロール可能なことを主張しているのである。戦略レベルのコントロール可能性は、所与の目標達成という従来型のコントロールばかりでなく、環境変化に対応する組織行動の側面において新たなコントロール・メカニズム構築の可能性を示唆するのである。

四 組織コントロールのロジック

コントロールは対象レベルがいかなるものでも、それぞれの目標を達成するための手段であり、それを有効に機能させるロジックがあると想定される。そしてそのロジックにもとづくコントロール・メカニズムが構築されれば、目標達成が実現できるはずなのである。

組織内コントロールの議論は、既に見たように、組織目標達成を図るというコントロール・ロジックを基軸に展開されてきた。組織目標は、具体的な売り上げ目標とかＲＯＩなど多様に捉えることができるが、実際上、そうした各目標に対して、効果的にそれを達成するためのメカニズムとしてコントロール・システムが構築される。そして、組織目標達成行動を持続するために想定されるのは、組織行動を構成する要素の整合性を図るコントロール・ロジックである。組織行動のコントロール構造は、基本的に、組織の目標、行動、測定・評価などを要素とするが、目標によるフィードフォワードを前提に、行動↓測定↓評価のプロセスにおけるフィードバックが作動し、目標との差異が明らかになると、その修正作業が速やかに行われるメカニズムをもつ。したがって、目標達成を指向する組織行動が持続するには、組織の構成要素が整合されコントロールがうまく作動する必要がある。

一方、組織外コントロールの議論も、基本的には、組織目標達成を図るためのコントロールが中心であるが、コントロール対象が対組織やステークホルダーであるため、組織内コントロールとは異なるロジックが必要となる。なぜならば、各ステークホルダーは独自のロジックで動くため、それらの間の整合性を組織が容易に図ることができないからである。そのため、組織内とは異なる組織外コントロール独自のロジック、すなわちステークホルダーに対するコントロール・ロジックが求められるのである。

こうした新しいロジックの要請は、環境適応の戦略コントロールの場合に顕著である。予想外の環境変化にも対応可能な戦略コントロールを構築しようとする場合、安易に組織内コントロールに有効なロジックを援用することはできない。なぜなら、戦略コントロールと組織内コントロールではコントロール状況が違うからである。

組織コントロールのロジックが変容せざるを得ないのは、このようにコントロール対象が組織内から組織外へ、さらに戦略へと拡張してきたからであり、しかも、コントロールを有効に作動させるためにはコントロール対象に応じたロジックが必要になるからである。

組織内外のコントロールと組織の戦略コントロールとではコントロール対象が異なるため、それぞれのロジックに違いが生じるが、その質的な違いは「多様性」と「多義性」の議論（小橋、二〇〇二年）を援用すると、より明快になる。多様性は、事実の多様性ということで客観的に把握可能な事実前提に関わるものであり、量的に削減可能だが、多義性は、価値観（人間観）が異なる決定主体間の価値前提に関わるものであり、その削減につながる合意が得られにくい。したがって、コントロール対象の多義性が問題となる場合、決定主体間の合意プロセスが多義性削減の要となる。価値観の共有を図る組織文化は、組織行動の方向性を規定するコントロール強化をもたらすものであるため、組織に浸透すればするほど、決定主体間で問題解決の合意が得られやすくなり、多義性削減が促されるのである。

戦略コントロールの場合、事実をベースに戦略の策定をしても、将来像については多義性問題を含むことになり、多義性の削減が戦略コントロールの成否に影響する。実際には、新規事業など多義性を含めば含むほど、戦略のコントロールは困難になるのである。とりわけ、将来の環境については、事実を前提とした予測の場合、合意を得られ易いが、多義性を含んだ予測は合意を得にくくなる。

組織コントロールのプロセスに目を転じてみると、それを説明するロジックは、目標達成、パワー構造、組織文化、進化など多様化している。これらはいずれも独自のロジックで展開され相互の関係が不透明なため、コントロール・プロセスを統合的に捉えようとする試みがいくつかなされてきた。たとえばDas（1989, 1993）は、組織コントロールのプロセスを「イナクトメント→選択→保持」という進化的な見方で捉えながら、保持プロセスにおいては「事実主義」、実現・選択プロセスにおいては「構築主義」、保持と実現・選択プロセスの連結においては「行動主義」のロジックが有効であることを示した上で、マルチパラダイムを支持する観点から、これらをすべて取り込んで展開するコントロール・プロセスの統合的見方が可能になることを明らかにしている。

このように、組織コントロールの問題は、組織内から組織外へ、さらに、組織の戦略コントロールやコントロール・プロセスにまで拡張してきた。その結果、従来のコントロール状況とは異なる状況に対応するため、コントロールを規定するロジックの変容がもたらされてきたのである。と同時に、コントロール・プロセスの観点からそれらを統合する可能性も見出されたが、コントロール状況の変化は今後も続き、それに対応するためコントロール・ロジックのさらなる変容は避けられないのである。

五　結び

グローバル化や情報技術の革新を背景に、組織の環境変化はますます激しくなり、目標達成を図る組織コントロールは、環境変化に適応するダイナミックなものに変容せざるを得なくなった。しかも組織コントロールの対象は、組織内から組織外へ、そして戦略へと拡張してきた。また組織コントロールの機能も、既存システムの維持から新しいシステム構築へと拡大して理解されるようになった。それを典型的に表しているのが、戦略コントロールである。従来型の発想による戦略コントロールは、意図した戦略を計画的に実現するメカニズムを意味したが、今や、意図した戦略と創発戦略を並行的に実現するメカニズムとして期待されている。

本稿では、環境変化に対応して組織のコントロール・メカニズムがどのように変わるのかという点に着目し、組織コントロールのロジック解明を図った。その結果明らかになったのは、組織コントロールのロジックがコントロールのあり方を明らかにする点、多様な価値観を背景に生起する多義性問題への対処が有効な組織コントロール実現にとって重要になる点、環境変化に対応してコントロール・ロジックが変容する点、そして多様なコントロール・ロジックの統合可能性である。

組織コントロールは、組織の目標達成を基軸に組織プロセスの各局面で展開されるが、その解明は機能主義的な分析が主となっている。とはいえ、近年の解釈主義的分析への注目が高まる中で、組織コントロールの解釈的分析は興味のあるところである。しかしはたして、そうした分析は妥当かつ有効であろうか。この点は、組織コントロールのロジックをさらに解明する上で今後の課題となろう。

謝辞

匿名レフェリーから大変有益なコメントをいただいた。ここに記して感謝したい。

注

（1）本稿におけるロジックとは、研究対象であるコントロールを構成する要素間の因果関係（プロセスの筋道）を明らかにすることである。したがって、組織コントロールのロジックとは、組織コントロールとは何で、それによって組織が必然的にどうなるかを意味する。

（2）たとえば、資源依存パースペクティブによる組織の外部コントロール論（Pffefer & Salancick, 1978）、取引コスト・パースペクティブによる組織コントロールの類型（市場・官僚制・クラン）論（Ouchi, 1977）、コントロールとしての文化論（O'Reilly & Chatman, 1996）などマネジメント論以外からも展開されている。

参考文献

小橋　勉「あいまい性、多義性、不確実性」『日本経営学会誌』第八号、二〇〇二年、四三―五三頁。

Anthony, R. N., *The Management Control Functions*, Harvard Business School Press, 1988.

Das, T. K., "Organizational control : An evolutionary perspective," *Journal of Management Studies*, Vol. 26, 1989, pp. 459-47.

Das, T. K., "A multiple paradigm approach to organizational control," *The International Journal of Organizational Analysis*, Vol. 1, 1993, pp. 385-403.

Dekker, H. C., "Control of inter-organizational relationship : Evidence on appropriation concerns and coordination requirements," *Accounting, Organization and Society*, Vol. 29, 2004, pp. 27-49.

Flamholtz, E. G., T. K. Das & A. S. Tsui, "Toward an integrative framework of organizational control," *Accounting Organizations and Society*, Vol. 10, 1985, pp. 35-50.

Gerlof, E. A., *Organizational Theory and Design: Strategic Approach for Management,* McGraw-Hill, 1985.（車戸　實監訳『経営組織の理論とデザイン―戦略的アプローチ―』マグロウヒル、一九八九年。）

Goold, M. & J. J. Quinn, "The paradox of strategic control," *Strategic Management Journal,* Vol. 11, 1990, pp. 43-57.

Mintzberg, H., ***The Rise and Fall of Strategic Planning,*** Free Press, 1994.（中村元一監訳『戦略計画―創造的破棄の時代―』産能大学出版部、一九九七年。）

O'Reilly, C. A. & J. A. Chatman, "Culture as social control: Corporations, cults, and commitment," ***Research in Organizational Behavior,*** Vol. 18, JAI Press, 1996, pp. 157-200.

Ouchi, W. G., "The relationship between organizational structure and organizational control," ***Administrative Science Quarterly,*** Vol. 22, 1977, pp. 95-113.

Pfeffer, J. & G. R. Salansick, *The External Control of Organizations: A Resource Dependence Perspective,* Harper & Row, 1978.

Schreyögg, G. R. & H. Steinman, "Strategic control: A new perspective," ***Academy of Management Review,*** Vol. 12, No. 1, 1987, pp. 91-103.

Simons, R., ***Levers and Control,*** Harvard Business School Press, 1995.（中村元一・黒田哲彦・浦島志恵訳『ハーバード流「21世紀経営」四つのコントロール』産能大学出版部、一九九八年。）

Thompson, J. D., ***Organization in Action,*** McGraw-Hill, 1967.（高宮　晋監訳『オーガニゼーション　イン　アクション』同文舘出版、一九八七年。）

十　組織間関係の進化に関する研究の展開
――レベルとアプローチの視点から――

小橋　勉

一　はじめに

近年の環境変化の中、ＪＶや戦略的提携は非常に盛んになり、組織間関係の戦略的重要性は高まってきている。その結果、組織間関係研究も非常に増大し、多様化してきた（研究全体のレビューについては佐々木・一九九〇年、山倉・一九九三、二〇〇一年、Auster, 1994；Oliver and Evers, 1998；Faulkner and de Rond, 2000；Inkpen, 2001 などを参照）。

組織間関係を捉える視点には様々なものがあるが、その一つとして変化・進化という視点が存在する。[1] これは、組織間関係が形成時の特徴をそのまま維持するのではなく、経時的に進化を遂げることを意味する。進化に関する研究は、一九九〇年代以降盛んになってきた。このような状況において、これまでの研究の展開を整理することは、今後の研究方向への示唆を与えるためにも有用であろう。

したがって、本稿では、組織間関係の進化に関する近年の研究をサーベイし、変数のレベルと変数間の関係（アプローチ）という二つの視点から整理し、その上で研究の展開および現状に見られる特徴を指摘し、今後の展望について述べる。

二　組織間関係の進化に関する分析視角

組織間関係の進化に関する研究の増大の結果、他の研究分野同様、様々な変数を用いたモデルが増えてきた。しかし、組織間関係の進化に対する我々の理解は十分ではない。このことは、研究の増大による着実な進展がある一方で、同時に既存研究の整理を通じた包括的理解が必要であることを意味している。

組織間関係の進化には非常に多くの変数が関係しているが、そのことは、変数の多様さと変数間の関係という二つの点を明確にすることが重要であることを示している。即ち、変数の多様さとは、ミクロからマクロまで、様々なレベルの変数が存在していることを意味している。他方で、変数間の関係は、組織間関係の進化と、それに関連する諸変数の相互作用をどのように捉えるかに関係する。したがって我々は以下の二つの視点で既存研究を整理・分類する。即ち、第一が変数のレベルでの分類であり、第二が変数間の関係での分類である。(2)

1　変数のレベル

Auster (1996) によると、組織間関係を分析する際に用いる変数のレベルには、個人レベル（I）、組織レベル（O）、組織グループレベル（G）、環境レベル（E）という四種類が考えられ、一つ以上のレベルの変数を用いて分析が行われる。第一の個人レベルの分析においては、人々が組織間関係とどのように関わっているのかが論じられる。ここでの変数としては、対境担当者、彼らの認知あるいはバックグランドなどが挙げられる。第二の組織レベルの分析は組織特性と、組織間関係の創出・管理・維持との関わりを扱っている。ここでの変数としては、組織の戦略、構造、技術、年齢、あるいは規模などが挙げられる。第三の組織グループレベルの分析は、広義に解釈すれば産業あるいは種（species）、狭義に捉えれば戦略グループあるいは市場セグメントである。最後が環境レベルであり、ここでは制度的環境あるいは経済的環境と組織間関係との関わりが考えられる。

２　進化に対するアプローチ

このように、変数について様々なレベルが存在するが、組織間関係の進化と関わる諸変数との関係、即ち進化に対するアプローチに基づいて既存研究を分類することもできる。ここでは第一に、個人行動、環境条件等を独立変数として、それらが従属変数である組織間関係の進化にどのような影響を及ぼすのかに焦点を当てる立場が存在する。ここでは両変数の因果関係が明確に規定されているために、これを進化（Evolution）アプローチと呼ぶ。このアプローチにより、組織間関係に影響を及ぼす要因の明確化が可能となり、そのことは有効な組織間関係の管理という含意にもつながる。

これに対して西口（一九九七年）は、組織間関係はそれほど固定的ではなく、還元論的計算に基づけるほど単純ではない、と述べている。このことは、組織間関係は他の変数と相互に影響しながら発展しており、何が独立変数で従属変数であるかを規定できないことを意味している。組織間関係と他の変数のこのような相互作用を通じた進化を、共進化（Co-evolution）という第二の視点として捉えることができる。共進化とは、Das and Teng (2002) によれば、システムの異なった部分が同時に進化し相互作用し、その結果一方の進化が他方（パートナー）の進化から影響を受ける場合に生じる。(3)

三　組織間関係の進化の研究の類型

表1　組織間関係の進化に関する研究の類型

		アプローチ	
		一方向的（進化：Evolution）	双方向的（共進化：Co-evolution）
変数レベル	環境レベル(E)	〈E-E model〉Ariño and Torre (1998), Kumar and Nti(1998), 山口(1998), Barnett, Mischke and Ocasio(2000)	〈C-E model〉Koza and Lewin (1998)
	組織グループレベル(G)	〈E－G model〉Gulati(1998), Dacin et al.(1999)	〈C－G model〉Kobashi, Konomi, Kozawa(2003)
	組織レベル(O)	〈E－O model〉佐々木(1990), 吉田(1992), 山倉(1993), Doz(1996), Evers and Grandori(1997), Hamel and Doz(1998), Child and Faukner(1998), Ariño and Torre(1998), Kumar and Nti (1998), Khanna, Gulati and Nohria(1998), Büchel(2000), Doz and Baburoglu(2000)	〈C－O model〉西口(1997), Koza and Lewin(1998), Sydow and Windeler(1998), 松行(2000), Das & Teng(2002), 吉田(2004)
	個人レベル(I)	〈E－I model〉山倉(1993), Rimg and Van de Ven(1994), Child and Faukner(1998), Büchel (2000), Inkpen(2001)	〈C－I model〉Koza and Lewin (1998)

これまで組織間関係の進化の分類に関する二つの視点をみてきた。変数レベルという点では四つのレベルが存在し、変数間の関係の捉え方（アプローチ）という点では二つのアプローチが存在する。これらに基づくと、我々は表一のように組織間関係の進化に関する研究のモデルを分類できる。以下、各モデルについてみていこう。

1　一方向的アプローチ（進化：Evolution）

組織間関係にはパートナー組織から多くの人々が参加しており、そしてそれを取り巻く環境から影響を受けながら関係は存在している。ここでは、個人レベルから順に組織間関係に対する影響を概観していく。

(1) 個人レベルの影響（E-Iモデル）

ここには、組織間関係の進化に対する個人の影響を扱う研究が含まれる。Ring and Van de Ven (1994) は、個人間関係における非公式な意味づけ、心理的契約、そして相互作用が、組織間関係における交渉、コミット、実行段階で繰り返し生じることを指摘している。また、Child and Faulkner (1998) は、個人的関係を通じて信頼や絆が強まり、それが組織間関係の発展につながると述べている。このように、E-Iモデルでは、パートナーの対境担当者間の個人的関係が及ぼす影響を明らかにすることが試みられている。

(2) 組織レベルの影響（E-Oモデル）

ここではパートナーの組織特性及び関わり方による影響が扱われる。例えばEvers and Grandori (1997) は、主体の資源、期待などの要因の変化が組織間関係の変化をもたらすと論じており、Khanna, et al. (1998) は、組織間関係全体の利益に対する個々の組織の利益の割合が高い場合に提携が競争的側面を帯びると論じている。

(3) 組織グループレベル（E-Gモデル）

ここでは、産業内の他の組織グループ、即ち他の組織間関係が、焦点組織間関係に対して及ぼす影響が扱われる。Dacin et al. (1999) は、近年盛んになってきている埋め込み (embeddedness) の議論に基づいて、組織の過去および既存のつながりが将来の相互作用に影響する側面を論じることの重要性を指摘している。このように、ここでは埋め込みという視点からの研究の展開可能性が指摘できる。

(4) 環境レベル（E-Eモデル）

Kumar and Nti (1998) は、法律や社会風土、経済循環といった環境変化によって組織間関係の変動がもたらされ、その結果、相互の期待や相互作用などの再調整が必要になる可能性を指摘している。このように、環境変動への対応の中で組織間関係が進化することが描かれている。

2　双方向的アプローチ（共進化：Co-evolution）

組織間関係は様々な要因から影響を受けながら進化する。しかし、そのことは組織間関係が完全に受動的なシステムであることを意味するのではない。即ち、組織間関係の進化が逆に他の要因に影響を及ぼす可能性が考えられ、そのことは、組織間関係が他の要因と相互に影響しあいながら進化するという、共進化の考えにつながる。

(1)　個人レベル（C-I）

Koza & Lewin (1998) は戦略的提携が経営者の意図や選好と共進化する可能性を指摘している。例えば組織間関係の進化により業績が向上すると、参加者の希求水準の変化をもたらし、そのことが次に組織間関係の再構築への原動力となりうる。このことは組織間関係と個人の選好が相互に影響しながら変化することを示している。

(2)　組織レベル（C-O）

Das & Teng (2002) は、組織間関係の進展の中で個々の組織の市場の共通性が高まった結果、パートナー間のコンフリクトを増大させ、それが組織間関係に対して影響を及ぼす可能性があることを指摘しており、吉田（二〇〇四年）は、組織間関係の変化によって組織の目的やコンピタンスなどを変える必要が生じることを指摘している。このように、組織特性と組織間関係の特性とが相互に影響を及ぼしながら進化することがこのモデルの特徴である。

(3)　組織グループレベル（C-G）

例えばある組織間関係の変動が、関連する他の組織間関係に影響するといったように、ここでは複数の組織間関係が相互に影響を及ぼしながら進化する側面が扱われる。しかし、このモデルでの研究は現在未発達である。

(4)　環境レベル（C-E）

ここでは環境と組織間関係の共進化が扱われる。環境は組織間関係に対して影響を及ぼすだけではなく、組織間関係の進化から影響を受けることもある。しかし、Das & Teng (2002) が述べるように、これまでのところ環境との共進化に関する研究は行われていない。

四　現状と展望

これまで組織間関係の進化に関する研究の類型を見てきた。以下では、そこに見られる特徴を明らかにし、その上で必要とされる研究方向を指摘する。

1　これまでの研究の展開に見られる特徴

進化に関する研究の展開の中で第一に挙げられる特徴が、分析レベルの拡大である。初期の研究は、組織間関係における内的要因、即ち各組織の戦略、個人の行動等に焦点を当てるものが多かったが、徐々に分析レベルが多様化してきていることが表1からも分かる。このことは、組織間関係の内的要因が重要であるだけではなく、多くの要因が関係していることが明らかになってきたことを示している。

第二に挙げられるのが、変数間の関係の捉え方である。組織間関係の進化に関する研究が増え始めた一九九〇年代初期および研究が盛んになってきた中期には、進化に対する影響を捉えるという、一方向的な進化アプローチに基づいて分析を行うものが殆どであった。しかし、一九九〇年代末に共進化という枠組みで捉える動きが出てきた。組織論の学説史を捉える際の視点の一つである、合理的 (Rational) - 自然体系 (Natural) という枠組みでこれを捉えると、一方向的なアプローチは合理的モデルとして捉えられるが、共進化アプローチは合理的および自然体系の両モデルにおける因果を含めるものとなっており、その意味で組織論の史的展開との相違が見られる。

2 展　望

このように研究の類型化に基づく特徴から導かれる今後の展開として、以下の点を指摘できる。第一に、個別のセルでの研究が挙げられる。表1における八つのセルの中では研究蓄積が少なく未発達な領域（表1のC‐E、C‐G、C‐Iなど）が存在しており、このことはその領域に対して検討の余地があることを意味する。そして各々の領域の発達の結果、単一のセルを越えた研究への契機にもなっていくと考えられる。

それが第二の展開としての研究領域の拡張である。組織間関係の進化に影響する要因の多様性を踏まえると、単一のセル内で研究を進めるのではなく、様々なレベルの変数を含めてモデルを提示することの望ましさが存在する。このことを通じてネットワーク全体の問題と個別の組織間関係の問題との関わりなどを論じることができるが、そこで諸変数間の影響関係の存在の有無を検討しながらモデル化していくことが重要となる。(4) レベル間を越えたモデルの拡張以外に、組織間関係の進化に対するアプローチに関する拡張という方向性が存在する。一方向的な視点は還元主義的な立場に立脚するのに対して、共進化的視点では単純な因果関係では描ききれないようなプロセスが描かれるが、このことは、組織間関係の進化に関する研究にもパラダイムの問題が存在することを意味する。(5) パラダイムの問題は包括的理解を進める上で必須の要件であり、したがって、方法論的問題に取り組むことが求められよう。

五　結　語

本稿では、組織間関係の進化に関する研究の多様性を指摘し、その整理の出発点として変数の扱い方という論点を示した。その上で進化に関する研究の展開を、レベルとアプローチという二つの視点から整理した。そこでは、組織レベル以外の変数を用いた研究、共進化アプローチ研究の増大が存在することが示された。第三に、今後の研究方向に対する示唆を与えた。八領域に分けることによって研究が未発達な領域を示し、そこでの研究の促進の必要性を指摘した。また、複数の領域をまたがって研究する場合にはレベル間をまたがる場合とアプローチをまたがる場合とが存在するが、特に後者の場合には方法論的問題が伴うことが指摘された。このような課題を解決しながら包括的視点を構築することが今後の大きな課題となるが、それについては稿を改めて考察したい。

注

（1）研究ごとで、変化、進化、発展等様々な用語の相違があるが、本稿では進化という用語に統一する。

（2）これら以外に、資源依存モデル、取引コスト経済学、あるいは学習といった、パースペクティブに基づく分類が存在する。それらも加えて分析することによって、より詳細な説明が可能になると考えられるが、いずれのパースペクティブに分類できるとは限らないものも存在するために、本稿では扱っていない。しかし、パースペクティブ間の関係を捉えていくことは重要な論点であるために、稿を改めて検討したい。

（3）このような捉え方は、九〇年代以降の科学の一潮流である複雑系の議論と関わりがある。還元論的に記述できない現象へのアプローチとして複雑系の考え方が登場し、組織論においても近年複雑系の議論を導入する動きがある。こういった動きに類似した展開を組織間関係論も見せている。

（4）この点については *Academy of Management Review*, Vol. 24, No. 2, 1999. におけるマルチレベルセオリーの特集を参照のこと。

（5）多元的パラダイムの問題については、岸田民樹「革新のプロセスと組織化」『組織科学』第二七巻第四号、一九九四年、一二一―一二五頁、大月博司「組織研究のあり方」経営学史学会（編）『組織・管理研究の百年』文眞堂、二〇〇一年、一八三―一九四頁、拙稿「あいまい性、多義性、不確実性」『日本経営学会誌』第八号、二〇〇二年、四三―五三頁、などを参照のこと。

主要参考文献

Auster, E. R., "Macro and Strategic Perspectives on Interorganizational Linkages," *Advances in Strategic Management*, Vol. 10-B, 1995, pp. 33-40.

Child, J. and D. Faulkner, *Strategies of Co-operation*, Oxford University Press, 1998.

Dacin, M. T., M. J. Ventresca, and B. D. Beal, "The Embeddedness of Organizations: Dialogue & Directions," *Journal of Management*,

Vol. 25, No. 3, 1999, pp. 317-356.
Das, T. K. and B. Teng, "The Dynamics of Alliance Conditions in the Alliance Development Process," *Journal of Management Studies,* Vol. 39, No. 5, 2002, pp. 725-745.
Evers, M. and A. Grandori, "The Forms, Costs, and Development Dynamics of Inter-Organizational Networking," Evers, M. ed., *The Formation of Inter-Organizational Networks,* Oxford University Press, 1997, pp. 265-286.
Khanna, T. R. and N. Nohria, "The Dynamics of Learning Alliances: Competition, Cooperation, and Relative Scope," *Strategic Management Journal,* Vol. 19, No. 3, 1998, pp. 193-210.
Kobashi, T., N. Konomi, & K. Kozawa, "A Research on the Co-evolution of Multiple Networks," Hibbert, P. ed., *Co-creating Emergent Insight,* University of Strathclyde, 2003, pp. 189-197.
Koza, M. P. and A. Y. Lewin, "The Co-evolution of Strategic Alliances," *Organization Science,* Vol. 9, No. 3, 1998, pp. 255-264.
Kumar, R. and K. O. Nti, "Differential Learning and Interaction in Alliance Dynamics : A Process and Outcome Discrepancy model," *Organization Science,* Vol. 9, No. 3, 1998, pp. 356-367.
西口敏宏「二重らせん構造の組織間関係と共進化：自己言及的メタモデルの提唱」『組織科学』第三十巻第三号、一九九七年、六二－七八頁。
Oliver, A. L. and M. Evers, "Networking Network Studies : An Analysis of Conceptual Configurations in the Study of Inter-organizational Relationships," *Organization Studies,* Vol. 19, No. 4, 1998, pp. 549-583.
Ring, P. S. and A. H. Van de Ven, "Developmental Processes of Cooperative Interorganizational Relationships," *Academy of Management Review,* Vol. 19, No. 1, 1994, pp. 90-118.
佐々木利廣『現代組織の戦略と構図』中央経済社、一九九〇年。
山倉健嗣『組織間関係』有斐閣、一九九三年。「アライアンス・アウトソーシング論の現在」『組織科学』第三五巻第一号、二〇〇一年、八一－九五頁。
吉田孟史『組織の変化と組織間関係』白桃書房、二〇〇四年。

十一　アクター・ネットワーク理論の組織論的可能性
――異種混交ネットワークのダイナミズム――

髙木俊雄

一　はじめに

本稿では、人、モノ、技術や知識といったものを、ネットワークに参加する同格のアクターとして位置づけ、それぞれのアクターが相互に結びつくことにより形成されるネットワークとして、組織を理解することを試みる。なぜなら、組織は様々なアクターによってつくりあげられており、そのアクター間の相互作用や意味を議論せずに、組織を議論することは困難であると考えるからである。また、一側面から事象を見、生じた結果から理論化しとらえるのではなく、複雑に生成するプロセスを分化せずに記述する必要があると考えるからである。すなわち、複雑なる組織現象を単純化して観察するのではなく、また、主体と客体、人間と非人間を分離して論じることをせずに、複雑なるものを複雑なるまま理解する枠組みが必要なのではなかろうか。このような問いかけに対し、アクター・ネットワーク理論(1)を用いることで、組織論になんらかの新たなる展開の可能性を示すことができるのではなかろうか。

このことから、本稿ではまず、アクター・ネットワーク理論の基本視座について概説する。次に、これまでの法則定立的研究の発展、そして限界を示し、アクター・ネットワーク理論の組織論的展開の可能性について論ずる。そこでは、組織が様々なアクターによって構築されており、そのアクターは常に意味が変化し、それに伴い組織も再構築されていくということを論じていく。そして、このアクターの持つ意味の多様性、相互変化による変化によって、組織が変化していくプロセスを示すこととする。また事例として、フリーオペレーションソフトであるリナックスの発展プロセスを用いて実際にネットワークがどのように構築され、再構築されるのかについて議論していく。最後にこの視点から組織を論ずることにより、組織論にどのような理論的インプリケーションを示すことができるのかについての若干の考察を試みることとする。

二　アクター・ネットワーク理論の基本視座

アクター・ネットワーク理論は、M・カロン、B・ラトゥール、J・ローら[2]が提唱してきたもので、科学および技術の研究から生まれた研究である。主な研究対象は、実験室での科学的発見や技術的発明が行われてきた過程から始まり、近年では、会計、経済、社会言語学といった様々な領域にまで広がっている。

アクター・ネットワーク理論の基本的な立場は、世界の事物や出来事、知識といったものを、様々な異種混交のアクター間に成立するネットワークであるとみる考えである。つまり、アクター・ネットワーク理論は、研究対象とする出来事や現象を社会的側面と自然的側面に分けて把握するのではなく、また、そこに現れる自然物も人間も異種混交のネットワークとしてとらえ、[3]そのネットワークの動態を通して読み解こうとするのである。[4]そのため以下では、ネットワークの構築、再構築、そして異種混交のネットワークとしてのアクター・ネットワークを概説していく。

1　アクター・ネットワークの構築

アクター・ネットワークはどのように構築されるのであろうか。カロンはトランスレーション（翻訳）のステップを用いてネットワーク構築の過程を論じている。カロンによると、各アクターは次のプロセスによってネットワークに取り込まれていくこととなる。(5)

（一）問題化（problematisation）：ネットワーク構築者がめざすネットワーク構想

（二）関心づけ（interessement）：アクターの役割、アイデンティティの安定化

（三）取りこみ（enrolment）：役割の同定とアクターへの付加

（四）動員（mobilization）：配列されたアクターを動かすこと

すなわち、アクターはネットワーク構築者によって、ネットワーク構想との関わりで特定の意味を付与され、アクターとしての役割を与えられ、ネットワークに取り込まれ、構築されるのである。

その際、様々なアクターを一つのネットワークに結びつけるためにネットワーク構築者は、バウンダリー・オブジェクト(6)を設定する。足立によると、バウンダリー・オブジェクトとは、例えば民間の草花研究者は植物採集に興味があり、建設会社の社長は仕事がほしい。市長は何か文化事業をしたい。植物学者は良い研究室をほしいとする。そのとき、これら異なったアクターが異なった興味を持っているにもかかわらず、それらを一つに結びつけるのが、博物館の建設である、としている。(7)バウンダリー・オブジェクトによって一つのネットワークに結びついたアクターは、相互作用によってネットワークを生成していくこととなる。

2　アクター・ネットワークの再構築

トランスレーションのプロセスを経て構築されたアクター・ネットワークは、常にそのネットワークを再構築

し続ける。それは、個々のアクターの状況変化およびアクターの相互作用を通じて行われる。このことは、ネットワークが自律的に各アクターに対し、意味を再付与し、組織化していくことを意味する。そのため、ネットワーク構築時における構築者の意図は、ネットワークの再構築が生ずることにより変化することとなる。そして、この様相は事前に確定することができない。このことは、再構築するネットワークは自己組織化(8)していくということを示している。そのため、構築者はその対象に対し、絶対的な地位を常に保持し続けるという特権的な地位が存在するという仮説は棄却され、構築者も一アクターとして行為することになり、またそのネットワークにおいて意味を成さない存在として設定されるということもありえることとなる。

また、ネットワーク構築者が異なるアクターを結びつけるため探索したバウンダリー・オブジェクトは、ネットワークが再構築されていくと、アクターの相互作用とかかわりを必ずしも持たなくなる。結果、自己組織化するネットワークは自律的にバウンダリー・オブジェクトを探し始めるのである。そのため、各アクターの意味はその都度、即興的に相互構築されるものとして理解できる。

三　組織論におけるアクター・ネットワーク理論の可能性

では、このようなアクター・ネットワークの観点で組織を論ずると、これまでの議論とはどのように異なる視点が可能となるのであろうか。ここでは、因果関係に基づいた法則定立的研究(9)の問題を明らかにし、アクター・ネットワーク理論の有効性を示していくこととする。

1　先行研究の問題点――法則定立性の限界――

沼上は、一九七〇年代以降本格化してきたコンティンジェンシー理論は、環境がもつ内的なメカニズムを解明するよりも、むしろそのアウトプットに注目し、環境自体が何かメカニズムをもつものであるだとか、意図をもった主体が相互作用するという視点はその理論の中にほとんど現れなくなったとしている。このことは、現象の規則性に基礎を置いたカヴァー法則[10]の追究が正当な法則定立的な方法であると認識されたためであった。

このカヴァー法則のみで法則定立が可能であるという見解は、社会システムに関して不変の法則が支配的であるという仮定が成立する場合には有効である。しかしながら、この不変法則は社会科学において極めて困難であり、そのためこのカヴァー法則を前提として展開するには困難が生ずる。とりわけ、組織現象においては不確実性が高く、偶然性に富むものであり、従って法則定立的研究に基づいた概念モデルを、組織現象を予測するモデルとして用いることは有用であるとは考えにくい。たしかに、カヴァー法則を前提とする研究は、他者に対し理解させ、納得してもらうための説明のために用いるという点では、有用であるかもしれない。しかし、変数を詳細にしていけばしていくほど、すなわち精緻化するほど抽象度の高い、具体的な行為の手がかりの見えにくい議論になってしまうというパラドックスに陥ることとなる。

このことから、従来の法則定立的研究とは異なるスタンスが必要となるのではなかろうか。このことに対し、アクター・ネットワーク理論を用いることでこの問題に対する展開が可能となると考える。これまでも、様々なアクターが複雑に絡み合う組織を単純化するのではなく、複雑なまま論じようとする試みは無かったわけではない。[11]また、カヴァー法則を前提とした法則定立的研究に対し、その問題点を指摘し反論しようとする試みも現れてきている。しかし、これまでの議論は社会的存在としての組織、人間と自然物、人工物を、あくまでも区分して論じてきた。また、人間・非人間を区分せずに議論した研究も存在するが[12]、どのように組織が生み出されるかについての議論は十分ではなかった。

2　アクター・ネットワーク理論による組織理解

アクター・ネットワーク理論は、人間・非人間の区分をせずに同一の俎上で議論をすることを可能にした。すなわち、知識や出来事などの非人間は、単に主体の意思を伝え、パワーを拡大する要素ではなく、意味を介して成立するネットワークにおいて人間と同様のアクターとして作用する存在となる。このことは、人間が世界を成立させ、このコンテクストにモノが存在するという仮説からの脱却を示しているといえよう。なぜなら、アクター・ネットワーク理論においては、アクター自体に本質が存在するのではなく、ネットワークにおける他のアクターとの関係の中で意味を獲得するため、関係性により組織を論ずることが可能となるからである。(13) そしてこのことは、それぞれのアクターを区分せず、同格のアクターとして扱うことにより、技術と市場、主体と客体、ミクロとマクロといった区分ではなく、それらが絡み合うコンテクストがいかに組織化されるのかをあらわす概念として論ずることが可能となる。また、このようにして組織化された組織は、個々のアクターの状況および相互作用を通じて常に再構築され続ける。

すなわち、組織とはアクターの意味の付与、および再付与に伴うネットワークの再構築によってその形態を変化させる存在であると理解できよう。アクター・ネットワーク理論は、人間・非人間が複雑に絡み合う組織を単純化し、理論化するのではなく、複雑な状況のままこれらのアクターがいかに組織化されるのかを考察するツールとなりえよう。

次節ではフリーオペレーションソフトのリナックスの事例を用いて、実際にアクター・ネットワークがどのように構築され、再構築されるのかについて見ていくこととする。リナックスのようなアクターが常に変化し、そしてそのバウンダリーが変化しつづける組織においては、これまでの組織理論とは異なるアクター・ネットワークとしての組織理解の有用性が観察可能なのではないかと考えるためである。

四　リナックスの事例分析

1　リナックスの発展プロセス

リナックスは、フィンランドの一大学生であったL・トーバルズによって一九九一年に作成された。リナックスはそれまでのオペレーティングシステムとは異なり、自由に再配布できるという特徴をもっている。またリナックスは、ソースコードをオープンにすることにより、誰でもリナックスの開発に関与できるという環境を作り上げた。そのため、リナックスは、インターネットを介してのボランティアによって、バージョンアップが次々となされていき、その発展はフィンランド国内にとどまらず、世界中のユーザーへと広がりを見せていった。今日ではＩＢＭなどの大手コンピューターメーカーをも巻き込んだ開発が行われている。また、リナックス対応のアプリケーションソフトも今日多数作成されている。

このリナックス開発のプロセスは、これまでネットワーク・コミュニティの議論で主に論じられてきたが、ここではアクター・ネットワークの観点から論じていくこととする。その理由として、まず、どのようにネットワークされていくのかの観点のみならず、アクターがどのように可視化されるのかに言及することができる、次に、既存の技術システムなどのアクターも同一俎上で議論することが可能となるためである。

2　リナックス開発におけるアクター・ネットワークの展開

当初、リナックスはトーバルズや彼の友人によって改良が加えられていった。リナックス初期に参加していたアクターは限られたものであった。彼の当初の目的は、既存のユニックスシステムよりも使いやすいオペレーションシステムの作成であり、そのため友人らに開発協力を依頼した。しかし、ソースコードをオープンにし、誰でもがその改良に参加できるシステムを用いたため、次第に世界中に散らばるボランティアグループによって開発されることとなった。ネットワーク構築者であるトーバルズは、当初既存のユニックスシステムよりも利用しやすいユニックスシステムの作成を目的として翻訳の四ステップでアクターを動員した。しかし、世界中のボランティアは、彼らが使いやすいシステムを構築し始めたため、ネットワーク内のアクターは相互作用を通じて常に意味を変化させていった。ボランティアグループは、社内での地位、会社内のシステム環境、個人向けコンピューター環境などの様々なアクターによってリナックスをそれぞれ意味づけし、リナックスに新たなる意味を再付与されることとなった。このようにして、リナックスというシステムに新しいソースコードが組み込まれ、新しいバージョンが作成されていった。この新しいバージョンがもつ意味は、そのネットワークによって新たに付与され、バージョンはその機能によって意味をなすのではなく、そのネットワークによって意味づけされる。

トーバルズを中心としたリナックス開発は、当初の考えとは次第に異なり様々なアクターが参加することにより、その形態を変化させていった。このアクターは人間のみにとどまらず、新技術の導入、規格変更なども含まれている。開発プロジェクトは、トーバルズが「使いやすいオペレーションシステムを作成する」という目的で各アクターをネットワークに組み込むため設定したバウンダリー・オブジェクトを、自律的に変化させ自己組織化していったのである。しかしこのことは、事前にトーバルズによって理解されていたことではなく、事後的に理解できたのである。

既存の組織構造の議論、主体と主体との相互作用、ネットワークコミュニティとしてリナックス開発をとらえるよりも、むしろ様々な出来事、技術、知識をも含めたアクター間のネットワークの視点から理解したほうが、その現象を理解しやすいのではなかろうか。なぜなら、リナックス開発においては、そのバウンダリーが常に変化し続け、また、技術や知識、諸個人の目的は多様であり、そしてその諸要素がアクターとして意味づけられるかどうかは、その時点にならなければわからないからである。

五 おわりに

本稿では、組織とはアクターの意味の付与、再付与に伴うネットワークの再構築によってその形態を変化させていく存在であるとした。このことは、従来の議論とは異なり、多様な要素がアクターとして組織化され、さらにアクター間の相互作用によって新たなネットワークが形成されていく様相を可視化することが可能となるのではなかろうか。そして、この理論を用いることで、これまで様々な組織の要素を緻密に分析し、高度な変数システムとして記述するという議論とは異なる、組織の複雑さの議論に対し有益な方向性を示す可能性が生ずるのではなかろうか。アクター・ネットワーク理論は時間という概念を取り込んでいるため、組織の硬直化の議論にも適応できる。意味の付与、再付与のプロセスによってネットワークは形成されるが、そのネットワークがそれ以上のアクターを取り込まなくなったとき、ネットワークは安定することとなる。そのとき、そのネットワークは、それを構成している様々なアクターの存在を隠してしまうような形で一面的に表象される。すなわち、これまで実態がなく、可視化することが困難であった企業文化・組織文化の生成・維持をネットワークの安定化の観点から議論することも可能となろう。

また、近年の技術革新の議論などで見られる社会構築的に技術が構築される議論や、行為の連鎖の議論[14]にも関わってくるのではなかろうか。例えば、クリステンセンは、イノベーションにおいて社会的ネットワークの形成が重要であると指摘している。社会的ネットワークは実体を前提としないが故に、実体がないにもかかわらず、新技術の普及において障壁となる価値観や規範といったものがどのように克服されうるのかをアクター・ネットワークの議論によって具体的に記述することが可能となる。

しかしながら本稿はアクター・ネットワークの組織論的展開の可能性に向けた一試論であり、まだ十分に論じてはいない。この点に関しては今後の課題としたい。

注

(1) アクター・ネットワークの議論に対しては、人間の意図性を軽視しているという批判が存在する。ネットワークの構築の際、行為者の意図や動機は重要なアクターではあるが、このようなものにのみ構築の動因が存在すると仮定するならば、言語でしか関係付けが行われず、言語を持たない実体が無視されることとなる。しかし、実際には非言語的アクターも存在している。そのため、本稿では組織を異種混交のネットワークとしてとらえることを試みる。

(2) Callon, M., 'Struggles and negotiations to define what is problematic and what is not: The sociology of translation,' *The social process of scientific investigation*, vol. 4, 1980.

Callon, M. and J. Law, 'After the Individual in Society: Lessons on Collectivity from Science, Technology and Society,' *Canadian Journal of Sociology*, Vol. 22, No. 2, 1997.（岡田　猛、田村　均、戸田山和久、三輪和久編著『科学を考える—人工知能からカルチュラル・スタディーズまでの14の視点』北大路書房。）

Latour, B., 'On Recalling ANT,' *Actor Network Theory and After*, Blackwell Publishers, 1999.

Law, J., *Organizing modernity*, Blackwell, 1994.

(3) これまでのネットワーク論で論じられてきた「アーク」と「ノード」で考えるならば、アクター・ネットワーク理論は人工物などの非人間も「ノード」に含め議論している。

(4) ただし、アクター・ネットワーク論では、ネットワークされるアクター自体が事前にすべて明らかになっている。この点に関しては、実践においてアクターが即興的に明らかになっていくという事前からのローカルな視点を取り込む必要があろう。上野直樹『仕事の中での学習』東京大学出版会、一九九九年。

(5) Callon, M., 'Some elements of a sociology of translation,' Law, J. (ed.) *Power, action and belief: A new sociology of knowledge?* Routledge and Kegan Paul, 1986.

(6) Star, S. and J. Griesemer, 'Institutional Ecology Translations, and Boundary Objects: Amateurs and Professionals in Berkeley's Museum of Vertebrate Zoology, 1907-1939,' *Social Studies of Science*, 19, Sage, 1989.

(7) 足立　明「開発の人類学—アクター・ネットワーク論の可能性—」『社会人類学年報』第二十七巻、東京都立大学社会人類学会、二〇〇一年。

（8）ルーマンの議論が有名だが、ルーマンは社会およびコミュニケーションシステムに議論が集中しており、他のシステムとの関連については中心的に論じていない。Noe, E. and H. F. Alroe, 'Farm Enterprises as Self-organizing Systems : A New Framework for Studying Farm Enterprises?' *International Journal of Sociology of Agriculture and Food* 11 (1), 2003.

（9）沼上　幹『行為の経営学』白桃書房、二〇〇〇年。

（10）沼上によると、カヴァー法則とは、個別具体的な事象を包含するような法則のことを指す。

（11）高木晴夫「監訳者まえがき」、ロバート・アクセルロッド、マイケル・コーエン『複雑系組織論』ダイヤモンド社、二〇〇三年。

（12）この点に関しては、複雑系の議論が良く知られている。例えば、Axelrod, R. and M. Cohen, *Harnessing Complexity*, Free Press, 1999.（ロバート・アクセルロッド、マイケル・コーエン『複雑系組織論』ダイヤモンド社、二〇〇三年）がある。

（13）金森　修「科学の人類学」『現代思想』第二十四巻第六号、一九九六年。

（14）加藤俊彦「技術システムの構造化理論─技術研究の前提の再検討─」『組織科学』第三十三巻第一号、白桃書房、一九九九年。加藤俊彦「技術の多義性と企業行動─経営戦略における利用可能性と制約─」『ビジネスレビュー』第四七巻第三号、一橋大学イノベーション研究センター、二〇〇〇年。

十二　ドイツにおける企業統治と銀行の役割

松田　健

一　はじめに

経済のグローバル化あるいはＩＴの進展を背景として、一九九〇年代に入り顕著となった資本市場の質的変化は、その対象を金融商品の多様化といった市場における取引の技術的な側面に限定することなく、社会全体に対しても極めて多大な影響を及ぼし、したがって企業活動にかかわる不確実性の一層の増大を惹起するところとなった。その結果、とりわけ先進諸国を中心として、企業のあり方そのものを対象とした激しい議論を引き起こすところとなった。

ドイツにおいても、こうした企業活動の枠組みの変化は、従来から会社機関と密接な関係を保持する銀行、保険会社、事業会社あるいは労働組合などによる監視を特徴とする、ドイツ固有の「機関志向的（Institut orientiert）」な企業統治のあり方にも大きく影響を及ぼした。すなわち、「株主価値の最大化」という言葉に代表されるような、「市場志向的な（Markt orientiert）企業統治」を、ドイツ企業が受容するのかあるいはするべきではないのかといった視座で、ドイツの内外において多くの議論を呼ぶところとなったことは周知のとおりである。

本稿は、こうしたドイツにおける企業統治に関わる議論が激しさを増す中で、二〇〇一年にD・ヴァイケルト(Dorit Weikert)が、銀行の「寄託議決権(Auftragsstimmrecht)」[1]と企業統治との関係を考察し、発表した著書である、『企業統治と銀行の「寄託議決権」(Corporate Governance und das Auftragsstimmrecht der Banken)』[2]に依拠しつつ、近年のドイツにおける銀行の役割の変化と企業統治との関係に検討を加えるものである。

二 ドイツの銀行制度と銀行の「寄託議決権」

周知のように、ドイツの銀行は銀行業務、証券業務あるいは信託業務といったすべての金融業務を扱う方式である、ユニバーサル・バンク・システムを採用している[3]。このシステムに拠れば、一つの金融機関において、広範な種類の顧客に対して多種多様な金融商品を幅広く提供することが可能となる。すなわち、ハウスバンク(Haus Bank)としての役割を果たしている銀行から、産業会社への資金の提供という視点に立てば、銀行は、当該企業への融資という形を採って行われる「間接金融」による資金提供者としての役目を果たす。他方では、当該産業会社の有価証券発行、保管あるいは売買を通じた資金供与を執り行う幹事行として活動することにより、事業会社による「直接金融」方式による資金調達を支える役割をも果たすことが可能となる。したがって、当該企業が資金調達を行う際に、間接金融方式による資金調達手段を採るか、あるいは直接金融方式による資金調達手段を採るかのどちらの場合においても、産業会社は銀行との関係を保持することが予想される。一方、銀行にとってはどちらの場合においても収益を上げる機会となることから、ユニバーサル・バンク・システムの下では、産業会社の「銀行離れ」という事態は原則として生じにくいと考えられる。

こうしたシステムを採用していることをも一つの要因として、ドイツにおいては、銀行が産業界に対して「銀行の権力（Macht der Banken）」と言われる極めて強大な影響力を行使している。同システムは、共同決定制度と並んでドイツの企業制度を特徴づける極めて重要な点である。しかし、さらに注視すべき点は、とりわけ株式法第一三四条から第一三六条にかけての条文により規定されているとおり、「寄託議決権」が制度化されていることにある。この点こそが、銀行の権力の本質的な部分を担保していると考えられよう。

こうした点を踏まえたユニバーサル・バンク・システムの特徴については、既に多くの先行研究によりいくつかの問題点を内包することが明らかとなっている。第一に、「利益相反」が挙げられよう。銀行が性格の異なった様々な顧客と取引するようになると、特定の顧客の利益を優先して他の顧客の利益を損ねるという利益相反が生じる可能性が高まる。これは、例えば預金業務あるいは貸付業務と証券ブローカー業務との間で、または貸付業務と証券ディーラー業務との間で生じる利益相反が考えられる。また、銀行に証券業務への進出を認めることは、銀行のリスク負担の機会を拡大することになり、銀行経営の健全性と安定性を損ねるということも指摘できる。とりわけ一九九〇年代以降急速に進展した欧州における金融機関の吸収合併を契機として、多くの大手銀行が証券業務あるいは信託業務を、主として銀行本体が設立した金融子会社に移管したが、こうした動きは銀行側から見て、「利益相反」を回避する手段としても捉えられるかもしれない。

第二に、「金融市場への負の影響」がある。ドイツの金融市場の規模が他の先進資本主義諸国と比較して相対的に小さく、取引の停滞を招いていることがしばしば指摘されるが、ユニバーサル・バンク・システムは、中央銀行の金融政策を阻害する要因となりうる。すなわち、同システム下における銀行は、金融機関としての機能を一つに集中させていることから、専門銀行システムとの比較において流動性需要は少なくなり、同時に振替通貨の創造能力が高いことからも、抑制的に働く中央銀行の金融政策が阻害される可能性は高くなる。

第三の点として、「大銀行による産業支配」の問題がある。この点については、古くはR・ヒルファディング（Rudolf

Hilferding）が一九一〇年に著した『金融資本論（Das Finanzkapital）』にも指摘されているとおりである。[4] しかし、所有と経営の分離を伴う法人形態の企業の発展を嚆矢とした金融資本の信用拡大とともに、次第に商工農の各業種に浸透した産業に対する銀行の影響力が及ぶ範囲は、—正確に把握することは困難ではあるが—とりわけ一九九〇年代以降急速に拡大しているといえよう。例えば、銀行が業務範囲を拡大し、経済力の集中を引き起こすと、銀行による極めて巧妙かつ堅固な「産業支配」といった事態が惹起されかねない。したがって、巨大な経済力を背景にした銀行が、企業に対して融資の強要などを生じせしめる可能性を保持していることからも、銀行に過度の経済力が集中すると資本市場の健全な発展の障害となる。[5] さらに、ドイツの銀行は、「寄託議決権」を保持することから、前述のとおり産業会社に対して、「銀行の権力」といわれる極めて強い影響力を保持していることが指摘される。顕著な例として、ユニバーサル・バンク・システムの下でのドイツの銀行は、債権者であるとともに、「寄託議決権」を通じた議決権行使能力をも保持していることから、実際の直接株式保有による株主としての存在以上に、議決権行使による影響力を保持している。したがって、ドイツの企業統治に係わる議論においては、こうした「寄託議決権」の問題は極めて重要な論点として捉えられる。

一九八〇年代以降に顕在化したドイツ企業の不祥事では、ユニバーサル・バンク・システムの下でのドイツ型企業統治の弱点の一面が露呈した。すなわち、債権者であり、同時に株主である銀行は、本当に異なる立場の利害を調整しうるのかという基本的な疑問である。銀行内部では各種業務分野においてさまざまな利益相反に直面しており、また、同システムの下では企業の情報を一手に獲得することも可能であることから、インサイダー取引を行うことが容易な環境にあることも指摘でき、「銀行の権力」に対する警戒とともに、ドイツ型の企業統治のあり方が見直されることとなった。同時にこの問題は、大銀行と事業会社との間には、相互に資本ならびに人的な結合関係が存在するうえ、監査役の兼任問題も関連して、監査役会による厳密なモニタリングは不可能という指摘、つまりは「機関志向的企業統治」の限界も数多く指摘されているのみならず、[6] 一九九〇年代に入り、個人株主の増加に支えられた機関投資家の台頭は、ドイツにおいても顕著な動きとなってきており、従来の銀行による事業会社の株式保有ならびに事業会社間相互の株式所有構造に変化を及ぼし始めているといえる。機関投資家による資本移動の影響力を一層強く受けるようになったことにより、「機関による監視」に特徴があったドイツ企業は、「機関志向的企業統治」への批判として、従来と比較して相対的に「市場による監視」という側面を受け入れざるを得なくなったということを表わしているといえよう。

三　「寄託議決権」をめぐる先行研究とD・ヴァイケルトの所説の位置づけ

こうした現実面での企業統治のあり方の変化に対応し、ドイツにおいても「銀行の権力」と「寄託議決権」との関連を中心的課題とした研究が数多く発表されている。こうした研究は、一九六五年株式法施行以降[7]の投票代理権（Stimmrechtsvollmachten）と深く関連を持つ「寄託議決権」が、株主総会における議決投票数の内、どの程度の割合を占めるかという、「寄託議決権」行使の「総量」に焦点を当てた研究を始めとして、これまで多くの蓄積がなされてきた。例えば、「独占委員会（Monopolkommission）」による一九七八年の報告書、「銀行構造委員会（Studienkommission）」による一九七九年の報告書、A・ゴットシャルク（Arno Gottschalk）による一九八八年の研究、M・アダムス（Michael Adams）による一九八九年ならびに一九九六の研究、J・ベーム（Jürgen Böhm）による一九九二年の研究、M・ペルリッツ／F・ゼーガー（Manfred Perlitz/Frank Seger）による一九九四年の研究、同じくF・ゼーガーによる一九九七年の研究、T・バウムス／C・フラウネ（Theodor Baums/Christian Fraune）による一九九五年の研究、同じくT・バウムス（Theodor Baums）による一九九六年の研究、

G・ゴートン／F・A・シュミット（Gary Gorton/Frank A. Schmidt）による一九九六年の研究などが挙げられよう。また、「寄託議決権」を取り上げながら、企業統治に係わる二〇〇〇年以降に発表された研究では、E・ベーマー（Ekkehart Böhmer）が一九九八年に発表したワーキングペーパーを基にして、二〇〇三年にM・ベシェ（Marco Becht）とともに発表した研究が挙げられる。

これらの研究は、とりわけ「銀行構造委員会」の報告書に代表されるように、銀行の産業支配の問題を「寄託議決権」の代理行使に焦点を当て、銀行がかかる権利の行使により株主総会を実質的に支配し、さらに銀行による株主総会の支配が、銀行から産業会社への監査役の派遣により補完されている点を法制度的な分析を基に指摘した研究と、T・バウムス／C・フラウネの研究に代表されるように、それぞれの企業の株主総会において、発行済株式総数の内、企業自身が保有する自社保有株式、独立した投資ファンドが保有する株式ならびに「寄託議決権」の行使とみなされる株式のそれぞれの割合を集計することにより、(8) 大銀行が、「寄託議決権」の行使を通じて、株主総会における議決に対して極めて大きな影響力を及ぼしていることを明らかにしている研究とに大別できる。

また、「寄託議決権」制度の下では、顧客が保持する議決権の代理権に基づいて、株主総会において顧客から預託された株式を、銀行が議決のために代理行使を目的として、当該企業の経営方針決定の際における銀行主導による機関的手続きは強化される結果となる。J・ベームの研究では、こうした手続きは、株式を、それが乱用されることから保護する目的を持って、広範な範囲にわたって「規格化」されたものであると位置づけられている。(9)

D・ヴァイケルトも、『企業統治と銀行の「寄託議決権」』の中で、これらの先行研究のいくつかを踏まえて持論を展開している。彼は、「銀行の権力」あるいは「ドイツ株式会社（Deutschland AG）」という言葉で表現され、金融機関と事業会社との間で確認される資本的ならびに人的な結合に大きな特徴を持つドイツの企業は、一方で

「所有者支配」が相対的に多数確認されるが、他方で監査役会（とりわけ監査役会会長職）への人的派遣ならびにハウスバンクが保持する「寄託議決権」を通じた株主総会における議決権の代理行使により生じる、「経営者支配」の側面も強く表出しているということを指摘した上で、[10]「寄託議決権」行使の主体を株主、経営者ならびに銀行の三主体に分類し、彼らがそれぞれ異なる目的の達成を図る中で、株主総会における議決に対して影響力を及ぼしている点を取り扱っていることからも、[11]前述の先行研究の傾向分類の中では、後者の研究の型に位置づけられるものと考えられる。

四　D・ヴァイケルトの所説

D・ヴァイケルトの所説は、目下のドイツにおける銀行の「寄託議決権」の制度的形態が、今日の経済的な認識と経営者支配についての現実的要請とに合致するのかという点ならびに代理人理論の視点からの措置として、どのような形態の企業統治が将来的なあり方なのかという点の二点について考察するものである。

まずD・ヴァイケルトは、前述の先行研究から、銀行の「寄託議決権」を以下のようにまとめている。

(1)　総じてドイツの銀行は、概していえば単独あるいは複数で、ドイツの巨大株式会社の株主総会の四分の三以上の多数を意のままにコントロールしている。したがって銀行は、株主総会の大勢を決定付けるに足る多数を必要とするような、自らの利害に応じた決定を下すことが可能である。

(2)　銀行が預託されて所有している株式議決権は、銀行の自主所有株式による議決権が持つ潜在的可能性を、より強化する。

(3)　銀行の「寄託議決権」は、株式が広く分散した公開会社に対してより強い効果を発揮する。これに対して、支配的大株主を持つ株式会社に対する影響力の潜在性は、より僅少な結果となる。

(4) 「寄託議決権」は、主としてドイツ銀行、コメルツ銀行ならびにドレスナー銀行（現在はアリアンツ保険傘下）の三大銀行に集中している。上記銀行の株主総会における投票に対する議決数は、多くの場合独占的である。

D・ヴァイケルトは先行研究に依拠しつつも、「寄託議決権」それ自体は、株主の消極的態度に起因するような、企業コントロールの欠如を「補助」すべきものであるとし、したがってユニバーサル・バンク・システムの下での企業統治にとって最も警戒すべき問題点は、「寄託議決権」それ自体というよりも、銀行と事業会社との間の様々な業務的ならびに人的な結合に基づく利害衝突に起因するとしている。また「寄託議決権」制度は、経済的な視点から、広範な視点に立って重要と見なされなければならない、ドイツの国内構造を構成する一要素として作用している統一的概念であることを指摘している。であるからこそ、経済的視点からの銀行の「寄託議決権」についての詳細な考察がなされているのであり、それ故に企業統治における、市場志向的コントロールと法制度的コントロールとの両者の関係を新たに考慮しなければならないと指摘している。(12)

五 おわりに

周知の通り、ドイツの金融機関も世界的な金融再編の動向に影響されており、業務内容にも大きく変更がみられる。特に企業金融の領域において、間接金融から直接金融への重心移動は顕著であり、ドイツの銀行も、ユニバーサル・バンク・システムの利点を充分に生かし、純粋な銀行業務からコンサルティング業務あるいは証券業務といった業務に、活動の場を移してきている。(13) これは、従来のハウスバンク形態から投資銀行形態への重心移動と言えることからも、「寄託議決権」制度の運用そのものにも大きな変化が予想される。

しかし、依拠している先行研究の発表年度からみてもわかる通り、D・ヴァイケルトの所説は、二〇〇一年に発表されたものであることから、ドイツ企業が急激に「株主価値重視経営」を重視しはじめた時期のデータに依拠したものとは、必ずしも言えない。この点において、企業統治の視点からの銀行の「寄託議決権」制度の「再考察」には、時期的に大きな制約が存在しており、この点で材料が乏しいと言えるかもしれない。しかし、D・ヴァイケルトの所説は、一九九〇年代後半における銀行のあり方と企業統治との変化を受けた、銀行の「寄託議決権」の考察として、近年のドイツにおける経営経済学の潮流の把握に対して、重要な示唆を与える文献として評価されるものである。

注

（1）「寄託議決権」（Auftragsstimmrecht）の規定は以下を参照。*HGB*, 70. Auflage, Verlag C. H. Beck, S. 488-490.

（2）Weikert, Dorit, *Corporate Governance und das Auftragsstimmrecht der Banken*, JOSEF EUL VERLAG, Lohmar Köln 2001.

（3）ユニバーサル・バンク・システムとは、一般的には、一つの金融機関ですべての金融業務を取り扱うドイツ型の銀行の方式をさす。しかし、同じ資本系列の個別の会社が各金融機関を別々に担当する英国型のケースでもユニバーサル・バンクと呼んでいる。ユニバーサル・バンクは主として以下の三つに分類される。すなわち信用銀行（Kreditbank）グループ、州立銀行・貯蓄銀行（Sparkasse）グループ、信用協同組合銀行（Kredit Genossenschaft）グループの三種である。貯蓄銀行は市町村レベルの自治体が所有し、その上位には、州レベルの各自治体に州銀行（Landesbank）、中央振替銀行（Girozentrale）が存在する。日本政策投資銀行フランクフルト駐在員事務所稿「ドイツにおける一般企業の資金調達と金融システム」ＤＢＪ駐在員レポートＦ―87、二〇〇四年二月、二頁。（最終アクセス日、二〇〇四年三月三〇日。）

（4）ヒルファディングは、産業資本に転化されている銀行資本、すなわち貨幣形態における資本を、「金融資本」と呼び、資本主義の発展ならびに信用組織の発展過程において、支払いの媒介機関から産業の金融機関へと変貌を遂げた銀行により集積された預金が、株式買い入れを通じて産業部門へと流出した結果、産業の銀行への依存が増大したとしている。ヒルファディング著、岡崎次郎訳『金融資本論（上）（下）』岩波文庫、一九八二年。とりわけ第五章ならびに第十四章を参照。

（5）相沢幸悦著『ドイツ銀行―欧州最強の金融帝国―』日本経済新聞社、一九九四年十二月、七一―七六頁を参照の上、筆者要約。

（6）例えば、一九九九年十一月二十六日付の日本経済新聞は、ドイツのゼネコン大手であるフィリップ・ホルツマンの経営危機を契機として、ドイツ特有の企業統治の仕組みである監査役会の無機能化への批判が高まっていると報じた。その内容は、「ホルツマンの経営危機に際しメインバンクのドイツ銀行は現役役員をホルツマンの監査役会会長に送りこんでいたことから、重要な経営情報をいち早く知る立場にいた」（コメルツ銀行）とし、さらに「監査役会という密室でドイツ銀行がすべてを取り仕切ってきたことが容易に予想できることから融資の割合以上にドイツ銀行の責任は重い」として、ドイツ銀行が提示したホルツマン再建費用の分担案を拒否した上、ドイツ銀行にさらなる負担を求めた、というものである。コンセンサス重視で物事を決めるドイツ流企業統治が金融機関、経営陣、従業員の三者のもたれ合いを生みリスクの早期発見を遅らせる結果となり、「企業、銀行いずれにも責任がある最悪の事例」（スイス系銀行）で、監査役会の抜本改革を求める議論に火をつけそうだ、と結んでいる。翌日の新聞には、ホルツマンの旧経営陣の背任や証拠隠滅の容疑で地方検察局が捜査を開始し、この捜査の中で、約二十四億マルクの損失が一九九七年以前の不動産開発によるものであり、この損失については、「大部分は一九九七年以前に決算に計上できたはず」（ビンダー社長）との見解もあることから、粉飾決算の疑いも出ていると報道している。監査役会制度は、「金融支配」が膾炙する間接金融中心のドイツ特有の制度であるが、こうした「密室での意思決定」といわれる問題点の頻発は同制度の「制度疲労」に起因するとの分析もある。ドイツでも現在では、直接金融市場へのシフトが要請されており、「株主価値の最大化」を目標としつつあることからも、企業統治制度を抜本的に改革する必要性が高まっている。横山　明稿「年金基金からのコーポレート・ガバナンスの要求・ドイツのケース」より抜粋の上、筆者が一部改変。http://www.hi-ho.ne.jp/yokoyama-a/corporategavernance2.htm（最終アクセス日二〇〇四年三月一日。）

（7）　一九六五年株式法では、従来の法技術的な議決権の構造に対して転換が図られた。すなわち、銀行は権限の付与に基づき、彼らの権利行使に向けた代理議決権の申請数以下ではこれ以上同一の権利を付与しないというものである。しかし銀行は、依然として代理権に基づいた議決権を、株主の名を示してこの者の名において行使することを許されている。株式法第一三五条第四項。*HGB, a. a. O.*, S. 489. を参照。

（8）　Baums, Theodor/Christian Fraune, Institutionelle Anleger und Publikumsgesellschaft: Eine empirische Untersuchung, *Aktiengesellschaft*, Jg. 40, H. 3, 1995, S. 103-104.

（9）　Böhm, Jürgen, *Der Einfluß der Banken auf Großunternehmen*, Duisburger volkswirtschaftliche Schriften, Bd. 13., S+W Steuer- und Wirtschaftsverlag, Hamburg 1992, S. 55ff.

（10）　Weikert, Dorit, *a. a. O.*, S. 30ff.

（11）　Weikert, Dorit, *ebd.*, S. 53-67, und S. 168-172.

（12）　Weikert, Dorit, *ebd.*, S. 2, und S. 69-72.

（13）　Lutz Reatig Partner und Rollenverteilung im Wandel, *Finanzplatz*, Deutsches Aktien Institut, Jan. 2004, Vol. 1, S. 6.

参考文献

相沢幸悦著『ドイツ銀行―欧州最強の金融帝国―』日本経済新聞社、一九九四年十二月。
居城　弘著『ドイツ金融史研究―ドイツ型金融システムとライヒスバンク―』MINERVA 人文・社会科学叢書、ミネルヴァ書房、二〇〇一年二月一〇日。
日本政策投資銀行フランクフルト駐在員事務所稿「ドイツにおける一般企業の資金調達と金融システム」ＤＢＪ駐在員レポートＦ―87、二〇〇四年二月。
ヒルファディング著、岡崎次郎訳『金融資本論（上）（下）』岩波文庫、一九八二年。
横山　明稿「年金基金からのコーポレート・ガバナンスの要求・ドイツのケース」http://www.hi-ho.ne.jp/yokoyama-a/corporategavernance2.htm（最終アクセス日、二〇〇四年三月一日。）
Adams, Michael, Der Markt für Unternehmenskontrolle und sein Mißbracuch, *Aktiengsellschaft*, Jg. 34, H. 10, 1989, S. 333-338.
Adams, Michael, Bankenmacht und Deutscher Juristentrag, *Zeitschrift für Wirtschaftsrecht*, H. 37/38, 1996, S. 1590-1602.
Baums, Theodor/Christian Fraune, Institutionelle Anleger und Publikumsgesellschaft : Eine empirische Untersuchung, *Aktiengsellschaft*, Jg. 40, H. 3, 1995, S. 97-112.
Baums, Theodor, Vollmachtstimmrecht der Banken, Ja oder Nein?, *Aktiengsellschaft*, Jg. 41, H. 1, 1996, S. 11-26.
Becht, Marco/Ekkehart Boehmer, Voting control in German corporations, *International Review of Law and Economics*, 23, Elsevier, 2003, pp. 1-29.
Boehmer, Ekkehart, *Who controls Germany? An exploratory analysis*, Arbeitspapier, Nr. 71, Humbolt Universität, 1998.
Böhm, Jürgen, *Der Einfluß der Banken auf Großunternehmen*, Duisburger volkswirtschaftliche Schriften, Bd. 13., S+W Steuer- und Wirtschaftsverlag, Hamburg 1992.
Gorton, Gary/Frank A. Schmidt, *Universal Banking and the Performance of German Firms*, University of Pennsylvania, 1996.
Gottschalk, Arno, Der Stimmrechtseinfluß von Banken in der Aktionärsversammlung von Großunternehmen, *WSI-Mitteilungen*, 5/1988, S. 294-304.
HGB, 70. Auflage, Verlag C. H. Beck, Stand: 20, April 1999.
Perlitz, Manfred/Frank Seger, The Role of Universal Banks and German Corporate Governance, *Business & The Contemporary World*, Vol. 2, H. 4, 1994, pp. 49-67.
Reattig, Lutz, Partner und Rollenverteilung im Wandel, *Finanzplatz*, Deutsches Aktien Institut, Jan. 2004, Vol. 1, S. 5-7.
Seger, Frank, *Banken, Erforg und Finanzierung : Eine Analyse für deutsche Industrieunternehmen*, Wiesbaden 1997.
Weikert, Dorit, Corporate Governance und das Auftragsstimmrecht der Banken, JOSEF EUL VERLAG, Lohmar Köln 2001.

十三　ドイツ企業におけるコントローリングの展開

小澤優子

一　序

今日のドイツ企業や大学において、コントローリング（Controlling）という概念が注目されている。とりわけ、一九九〇年代以降、ドイツ企業においてコントローリングに対するニーズが急速に高まり、その機能を担うコントローラー（Controller）という職位の増加がみられ、また、実践に即した研究が数多く存在する。しかしながら、コントローリングに関して統一的な概念はいまだ形成されておらず、さまざまな見解が提起されている。そのような状況の中で、現在、調整志向的な基本構想が有力視されている。そこにおいては、コントローリングの機能は管理システム全体における調整として捉えられる。

二　コントローリングの歴史的展開

コントローリングの起源はアメリカのコントローラー制度（controllership）に求められ、それは一九五〇年代後半にドイツに紹介された。(1) しかし、当初はそれが広く普及するにはいたらなかったのである。一九六〇年代に入り、それは企業管理において徐々に導入され始め、一九七〇年代後半以降にはコントローリングに関する文献が数多く見られるようになった。その後、一九九〇年代にはコントローラーの職位をもつ企業の数はさらに増加し、また、ほとんどの大学においてコントローリングの講座が開設されている。

このようにコントローリングが企業管理および理論において採り入れられた背景としては、どのような要因が考えられるのであろうか。(2) 第二次世界大戦後、西ドイツ経済は一九五八年の景気後退まで急速な発展を遂げ、その後一九六〇年代は不安定期にはいる。一九六六、六七年の恐慌以降にはさまざまな経済問題が集中的に起こり、事態は深刻化していた。さらに、一九九〇年代には東西ドイツの統一後に不況があり、成長期には表面化しなかった問題が露呈したのである。また、コントローリングの普及に関する個別経済的要因としては、企業の大規模化および国際化などの問題が指摘される。企業の大規模化に伴い、企業内部の職能もしくは部門が細分化されて複雑性が増し、企業の全体的な調整の必要性が生じる。また、グローバル化の急速な進展により、企業を取り巻く環境がより一層激しく変化してきた。そのような企業内外の環境の変化に対する適応処置を迅速に行い、不確実性を減少させることが必要である。これらの理由から、企業の管理手段として導入されたのがコントローリングであったと考えられる。

三　コントローリングの機能

コントローリングに関しては、さまざまな構想が存在している。(3) それらの中で、現在、企業の大規模化や複雑性の増大という状況に直面している企業にとって全体的調整ということが焦眉の問題であるので、調整志向的構

図１　企業の管理システムの分類とコントローリング

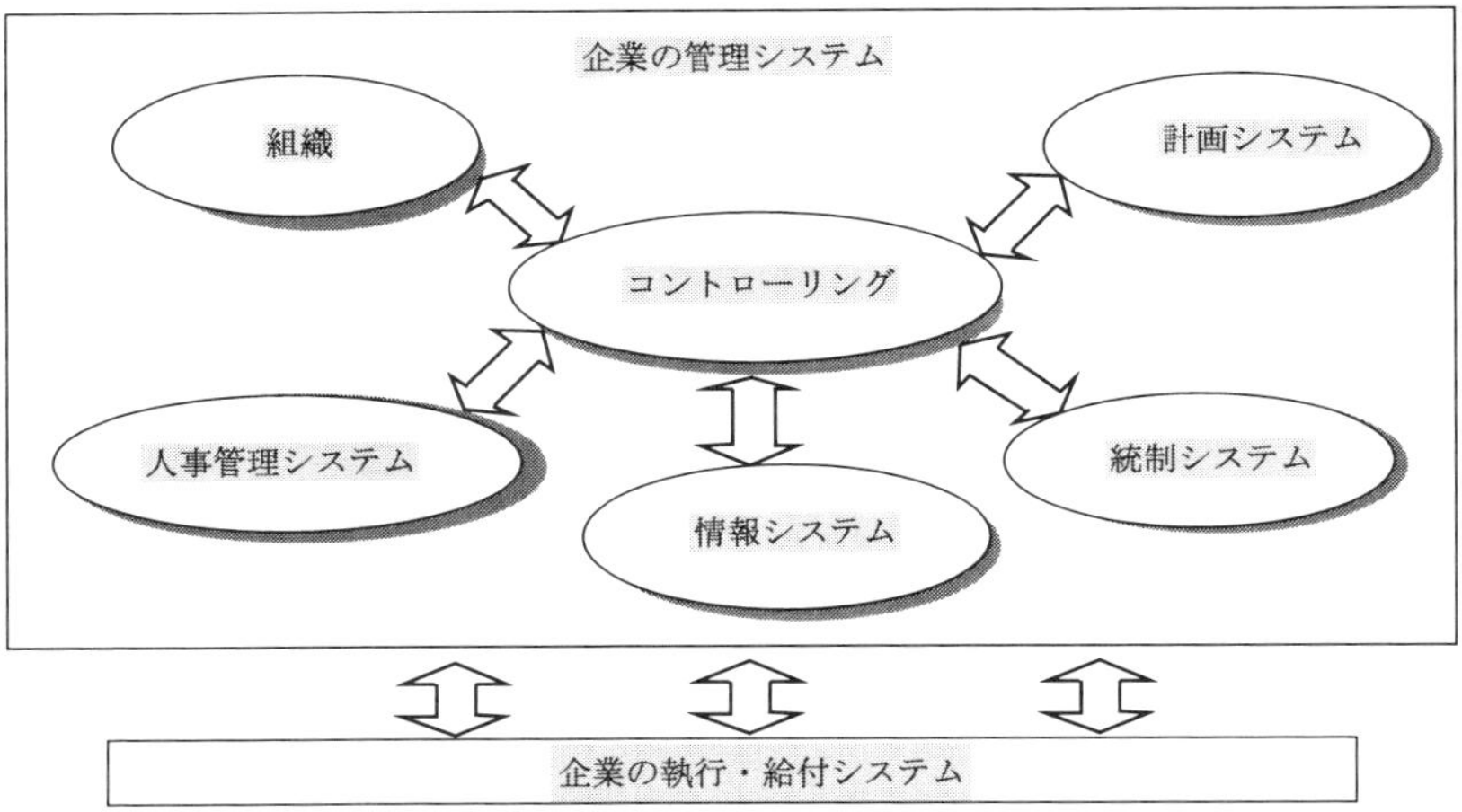

（出所） Küpper, H.-U.,: Controlling, 3. Aufl., Stuttgart 2001, S. 15.

想がもっとも強調されている。

ホルヴァート (Horváth, P.) は、コントローリングの機能を成果目標志向的調整として理解し、一貫してそのような見解に基づいた考察を行っている。(4) しかしながら、彼の見解においては、コントローリングの対象は計画システム、統制システムおよび情報供給システムに限定されるのである。管理システムに関しては、これらのシステムに加えて人事管理システムおよび組織がその共通の基本要素としてしばしば指摘されているために、これらをコントローリングの対象とすることが必要である。

キュッパー (Küpper, H.-U.) はコントローリングの機能を、「本来、目標へ向けられた管理を確実に行うために管理システム全体を調整すること」(5) と定義している。彼は、ホルヴァートが制限したコントローリングの対象に人事管理システムおよび組織を加えてそれを管理システム全体にまで拡大し、それぞれ独立した管理部分システムの調整のために、新しい機能としてのコントローリングの必要性を強調したといえよう。(6) その際に、その目的としては、適応、革新、目標統制および支援が指摘されている。(7)

そして、コントローラーの役割を明らかにするために、コントローリングの対象が明確にされなければならない。また、調整を行うための手段が必要である。[8]

まず、コントローリングの対象は、個々の管理部分システムそれ自体と個々の管理部分システム間の関係とに区分される。すなわち、個々の管理部分システム内部での調整とさまざまな管理部分システム間における調整とに分けられる。個々の管理部分システム内部での調整とは、たとえば、コントローリングが計画システムにおいてその要素である計画目標や計画対象などの調整を行うことである。また、さまざまな管理部分システム間の調整としては、たとえば、情報システムと他の管理部分システム間の調整が挙げられる。その際に、コントローラーは情報需要を把握し、適切な報告制度を通じて情報を提供するのである。

次に、調整の手段は部分的調整手段と全体的調整手段に二分されうる。前者は個々の管理部分システムの調整手段のことである。[9] この例としては、統制システムにおける差異分析（Abweichungsanalyse）などが挙げられる。後者の全体的調整手段としては、中央集権的管理システム、予算システム、目標・指標システム、そして計算価格・管理価格システムが挙げられ、これらは管理システムの全体的な調整を行うための手段であり、コントローリング固有の手段であるといえる。

このような手段を通じて、コントローラーは管理システムにおいてその職務を果たすのであるが、本来、そこには企業の管理機能を遂行するマネジャーが存在する。したがって、コントローラーとマネジャーの協働に関して考察することが必要となる。[10] まず、コントローラーの中心的な役割は管理にとって重要な情報の調達、選択・加工および提供であり、提供された情報をいかに利用するのかということがマネジャーにとっては重要である。マネジャーによる情報の利用方法は、手段的利用、構想的利用およびシンボル的利用という三つに類型化される。また、コントローラーによってマネジャーに提供された情報は、彼らの目的にとって有用でなければならない。

それらの情報の有用性は、ポテンシャルの質、プロセスの質および成果の質という三つのメルクマールに基づいて測定されうる。そしてこれら三つのメルクマールには論理的な関連が存在し、ポテンシャルの質に関する不十分な点はプロセスの質に関して、また、プロセスの質に関する不十分な点は成果の質に関して高い質を目指すことにより補われることとなる。したがって、「高い成果の質を通じて管理プロセスの合理性が確保され、その結果、企業成果が高められる」(11)ことから、コントローラーはマネジャーを通じて間接的に企業成果を高めることに貢献するといえよう。

四　コントローリングの組織

これまで述べてきた調整機能を担うコントローラーの職務、責任および権限などを明らかにするために、コントローリング組織の特徴づけを行うことが重要である。それでは、いかなる要因によってコントローリング組織は規定されるのであろうか。

これに関してはおもに、企業規模および組織形態が挙げられる。(12)まず、コントローリング組織の導入はそれぞれの企業規模に依存すると考えられ、企業の大規模化に伴い、独立したコントローリング組織の導入される割合が増加している。また、コントローリング組織の形成は、企業の組織形態から影響を受けるものと考えられる。すなわち、その企業の組織形態が職能別組織であるのか、事業部制組織であるのかということによりコントローリング組織の形態は異なる。ただ、職能別組織の場合も事業部制組織の場合も、取締役会のもとに強い権限をともなった中央コントローリング組織が設置され、その下位レベルにおいて部門コントローリング（Bereichscontrolling）のための組織が形成される。そして、中央コントローリングは「すべての企業部門の調整および部門コント

図2　企業におけるコントローリング

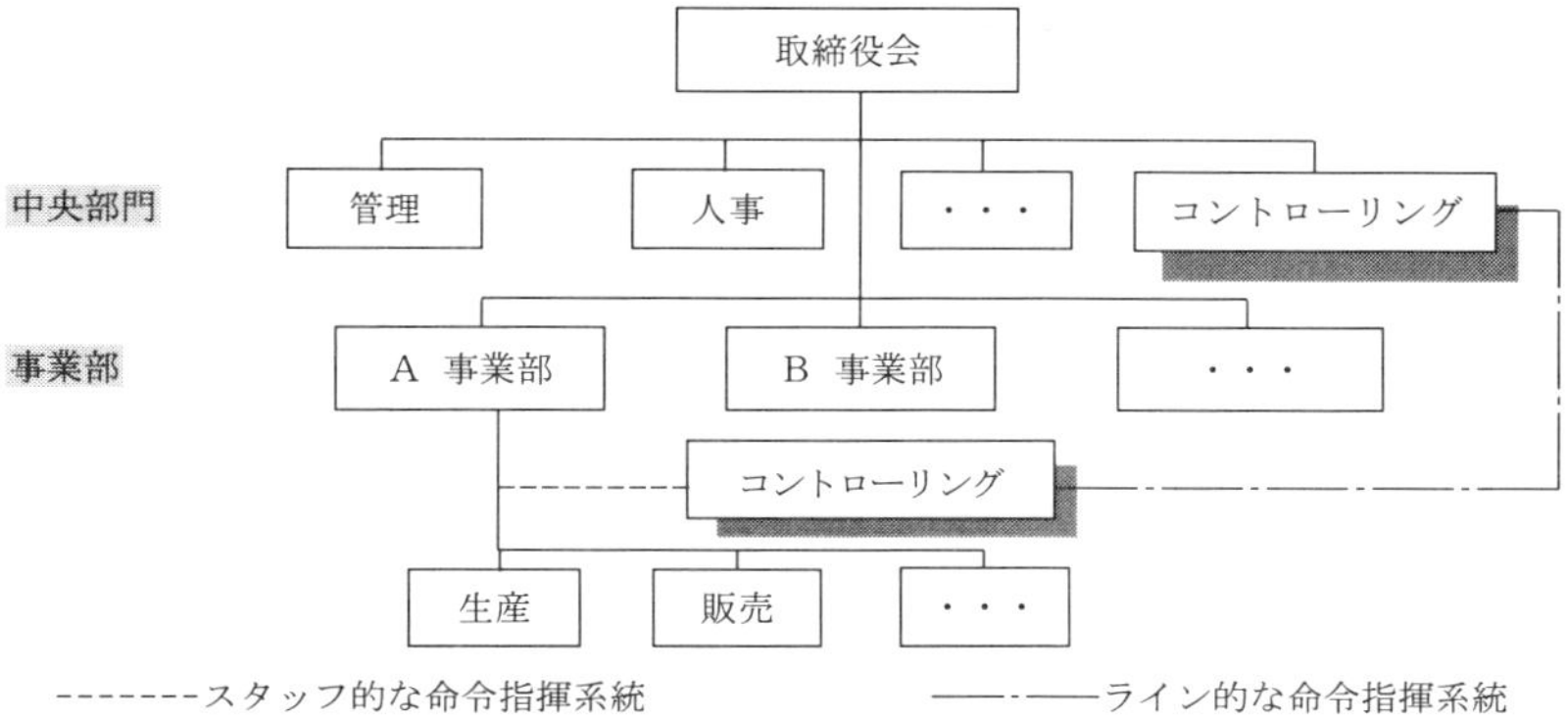

（出所）　筆者作成。

ローリングの調整を行う権限を有しており、それらが企業の全体目標システムを志向するように調整しなければならない」[13]のである。

その際に問題となるのは、部門コントローリング組織におけるコントローラーが、誰によって規制されるのかということである。まず、部門コントローラーが中央コントローラーに従うのであれば、コントローリング機能が統一的に実行される。また、ラインの職位に対してよりスタッフ的な機能をもつためにコントローラーの独立性が保たれ、調整機能が支障なく果たされうる。しかし、ラインの職位に受け入れられずに孤立し、情報が不足する可能性も存在する。他方、彼らがその属する部門の管理者に従うのであれば、ラインの職位との協働はスムーズに行われ、彼らの意思決定支援を円滑に行うことが可能となる。ただしその場合、その領域内での目標に従うために、企業の全体的なコントローリングと矛盾することがある。

これらの問題を解決するために、企業のコントローリングに対して、「二重支配原則（dotted-line-Prinzip）」が導入されるべきである。[14]この場合、命令指揮系統（Unterstellung）に関して、ライン的な命令指揮系統（fachliche Unterstellung）とスタッフ的な命令指揮系統（disziplinarische Unterstellung）とが存在することとなる。すなわち、部門コントローラーは、中央コントローラーと各部門の管理者によって二重に支配されるのである。二重支配のメリットとしては、部門コントローラーに対して命令権をもつ二つの領域の管理者間の調整がスムーズに行われることが挙げられる。一方、デメリットとしては、命令が二重になるために継続的なコンフリクトが発生し部門コントローラーが部門管理者および中央コントローラーの両者に受け入れられないことがおこりうる。

このようなデメリットがあるものの、コントローリングがその調整機能を遂行するためには、コントローラーは二重支配原則に従うことが合目的的であると考えられる。[15] その理由として、第一に、部門コントローラーは各部門における管理システムの管理者の支援を行うことを主な目的としており、そのために彼らに受け入れられることが不可欠だからである。第二に、部門コントローラーは、管理システムが企業の全体目標を志向させるように統率することをその職務としているからである。第三に、部門コントローリングは企業内に多数存在し、中央コントローリングが部門コントローリングを統率することが必要だからである。

五 結

本稿においては、ドイツ企業におけるコントローリングの展開を理論的に解明するために、まず、コントローリングが企業や理論に採り入れられるまでの歴史的展開とコントローリングの調整機能を明確にした。さらに、そのような理論的解明を裏付けるために、固有のコントローリング組織およびその企業組織における位置づけについて考察してきた。

コントローリングは、一九五〇年代後半にドイツに紹介された当初は広く普及せず、一九六〇年代以降に企業や理論の中へ導入されてきた。さらに、それ以降も、ドイツ企業においてその導入される割合は一層高まり、また多くの文献が出版されてきた。それにもかかわらず、コントローリングに関しては、統一的な見解が存在しなかったのである。このような状況にあったコントローリングであるが、現在、それに関しては調整志向的な基本構想が一般的となっている。キュッパーはこのような基本構想に基づいて考察することを通じてコントローリングの本質を理解しようとし、コントローリングの機能が管理システム全体の調整であることを明らかにした。そのうえで、コントローリングの目的として適応、革新、目標統制および支援が指摘されたのである。また、彼はその対象を管理システム全体であるとし、さらに、その手段を調整に関するものに限定したのである。

さらに、コントローリングがその調整機能を果たすために、独立したコントローリング組織が設置されなければならない。これに関しては、中央コントローリング組織と部門コントローリング組織が形成され、そこに二重支配原則を貫徹させることによりコントローリングの調整機能が十分に果たされうるのである。このように管理システムが調整されることにより管理システムの合理性が確保され、企業成果が高められることから、コントローリング機能を担うコントローラーは、企業成果を高めることに間接的に貢献するといえる。

このようにコントローリングはドイツの企業および理論において注目されているのであるが、今日、戦略的コントローリング（strategisches Controlling）がとりわけ重視されている。それは業務的コントローリング（operatives Controlling）と対照的に用いられる概念である。すなわち、企業を取り巻く環境変化の激化という事実に直面して、戦略的思考に基づく調整志向的コントローリングの重要性が高まっているのである。その基本概念、機能および手段などに関しては、今後の研究課題としたい。

注

（1）コントローリングの歴史的展開に関する詳細は、おもに、以下の文献を参照。Lingnau, V.: Geschichte des Controllings, in: Lingenfelder, M. (Hrsg.): *100 Jahre Betriebswirtschaftslehre in Deutschland*, München 1999, S. 82-89.

（2） ドイツ経済に関する詳細は、以下の文献を参照。佐々木昇『現代西ドイツ経済論』東洋経済新報社、一九九〇年、一—一一〇頁。工藤 章「概観—経済統合・ヨーロッパ統合・グローバル化」戸原四郎・加藤榮一・工藤 章編『ドイツ経済—統一後の十年』有斐閣、二〇〇三年、一—四一頁。

（3） コントローリングの構想は、キュッパーによって、利益目標志向的構想、情報志向的構想、計画・統制志向的構想および調整志向的構想の四つに類型化されている。Vgl. Küpper, H.-U.: *Controlling*, 3. Aufl., Stuttgart 2001, S. 7-13. 小澤優子「コントローリング理論の基本構想」『関西学院商学研究』第五一号、二〇〇二年九月、二一三—二一五頁。

（4） Vgl. Horváth, P.: *Controlling*, 8. Aufl., München 2001, S. 3-6 und 95-166.

（5） Küpper, H.-U./Weber, J./Zünd, A.: Zum Verständnis des Controlling-Thesen zur Konsensbildung, in: *ZfB*, 60. Jg. (1990), S. 283.

（6） Vgl. Küpper, H.-U.: *a. a. O.*, S. 1-17.

（7） Vgl. Küpper, H.-U.: *a. a. O.*, S. 17-20.

（8） Vgl. Küpper, H.-U.: *a. a. O.*, S. 20-29 und 63 ff.

（9） これは必ずしも固有のコントローリング手段ではなく、たとえば、給付システムにも適用される。

（10） Vgl. Bauer, M.: *Controllership in Deutschland*, Wiesbaden 2002, S. 105 ff. 小澤優子「コントローラーとマネジャー」『関西学院商学研究』第五二号、二〇〇三年三月、一四六—一五〇頁。

（11） Bauer, M.: *a. a. O.*, S. 252.

（12） Vgl. Horváth, P.: *a. a. O.*, S. 832-846; Küpper, H.-U.: *a. a. O.*, S. 481-483 und 501 f.

（13） Küpper, H.-U.: *a. a. O.*, S. 497 f.

（14） Vgl. Schüller, S.: *Organization von Controllingsystem in Kreditinstituten*, Münster 1984, S. 210; Steinle, C./Eggers, B./Lana, D. (Hrsg.): *Zukunftsgerichtetes Controlling*, 3. Aufl., Wiesbaden 1998, S. 267 f.; Horváth, P.: *a. a. O.*, S. 843-846; Küpper, H.-U.: *a. a. O.*, S. 498-503.

（15） Vgl. Horváth, P.: *a. a. O.*, S. 843-846; Küpper, H.-U.: *a. a. O.*, S. 502 f.

十四　M・P・フォレット管理思想の基礎
――W・ジェームズとの関連を中心に――

杉田　博

一　はじめに

十九世紀後半に誕生して二十世紀に集大成し、そして現代へと引き継がれているプラグマティズムと経営学との関連を問う研究は多い。ほぼ同時期にアメリカ東部で誕生したこの二つの学問的関連の位置づけは、経営学の思想的基盤がプラグマティズムに求められる、というものである。プラグマティズムを思想的基盤とするアメリカ経営学は、具体的な経営問題の解決に役立つ理論を道具として準備し、それを経営実践のなかでテストしながら、さらに有益な理論を構築していくというスタイルをとる。(1) ここに理論と実践の不可分離性というプラグマティズムの特徴が経営学にも受け継がれている。

さて、本稿で考察するフォレット（M. P. Follett）の著書には、プラグマティズムという語が数多く記され、そこにはジェームズ（W. James）の名がある。それを手がかりとして、われわれはフォレットの哲学的基礎にジェームズのプラグマティズムがあるとしてきた。しかしながら、単にプラグマティズムの特徴を実践志向性という枠に止めてしまうとフォレットの真意を説明しきれない。フォレットにとってプラグマティズムとは何なのか。ジェームズに負うところが大きいフォレットのプラグマティズムを理解するには、ジェームズのプラグマティズムの背後にある思想にも目を向ける必要があるのではないか。そこで本稿では、心理学者ジェームズとフォレット、および哲学者ジェームズとフォレットとの関連を問い、フォレットの管理思想に悠々と流れるジェームズ思想の全体像を浮き彫りにしてみたい。

二　ジェームズ心理学とフォレット――意識論をめぐって――

「フォレットを理解するには、彼女の哲学的嗜好を吟味する必要がある」[2]とするレン（D. A. Wren）は、ドイツ観念論者フィヒテ（J. F. Fichte）に注目する。フィヒテの哲学の中心は相互承認論と呼ばれる自我論であり、それがフォレットの管理思想の礎となっている。それゆえ「人間とは何か」という問いに、フォレットは他者との関係の中で主体性を得る存在という答え方をするのである。[3]

このようにフォレットの人間観は、その起源を辿ればドイツ観念論に求められるが、フォレットが影響を受けたのはそれだけではない。フォレットの思想の出発点となる人間観の生成は、フィヒテを含むドイツ観念論にあるとしても、その後の思想形成の段階では、実に多くの学問分野から知識を得ている。たとえば、集団原理に基づく民主主義を構想した『新しい国家』の第一章には「集団と新しい心理学」があり、また同書で示された社会プロセスを、実践上の諸問題に照合して精緻に発展させた『創造的経験』には、「最近の心理学における経験」とする章が記されている。そして、そこにはドイツ観念論だけではなく、機能主義に影響を受けた心理学と哲学に関する内容を読み取ることができる。

ところで機能主義とは、ある対象を分析する際に全体を構成する諸要素の役割、また全体と要素、および諸要素間の相互関係に注目する方法論上の立場をいう。十九世紀後半に台頭してきた機能主義は、さまざまな学問分野に多大な影響を及ぼした。たとえば、文化の作用を重視するマリノフスキー（B. K. Malinowski）やラドクリフ＝ブラウン（A. R. Radcliffe-Brown）らの文化人類学、また相互作用論的社会観を示したジンメル（G. Simmel）や、社会的事実という語を用いて全体的特質を説いたデュルケイム（E. Durkheim）の社会学などが思い浮かぶ。(4) 経営学とて例外ではない。バーナード（C. I. Barnard）も機能主義に基づく有機体論的システム論を採用しているし、フォレットの機能的統一体と称される動態的組織観にも機能主義の影響が鮮明に表れている。

そこに幾度となく登場するのがジェームズである。ジェームズはハーバード大学に入学後、化学、生物学、医学を修得したが、のちに心理学に転じて実験心理学を学んだ。ヴント（W. Wundt）によって確立された実験心理学では、構成要素に分解した意識を再結合する法則が研究された。そこでの究極目標は意識構造そのものを解き明かすことであったことから、この心理学の立場は、のちにヴントの弟子ティチェナー（E. B. Titchener）によって構成主義心理学と名づけられた。こうした心理学を学んだジェームズが、それを批判する形で提唱したものが機能心理学であった。機能心理学は、意識の構造よりも、むしろ意識の活動を重視して「習慣」や「記憶」などの意識現象に焦点を当て、その生物学的意義の解明を目指した。

意識活動の記述および説明をテーマとする機能心理学によれば、意識はいつ何時でも要素に分解して説明できる静態的なものではなく、刻々と移ろい行く川の流れのようなものである。一瞬ごとに新しい意識が次々と継起してくる心的状態は、「鎖」や「列」ではなく、「川」ないし「流れ」であることから、ジェームズはその様子を「意識の流れ（the stream of consciousness）」という比喩を用いて表現した。ジェームズは言う。「伝統的心理学の説くところは、川はただ桶のような一定の形の水の集合から成るというのに等しい。たとえ川の流れの中に実際に桶があるとしても、その間には自由な水が連綿と流れている。これまでの心理学者が見落としているのは、意識の中にあるこの自由な水の流れである。心の中の全ての明確な心像（image）は、その周囲を流れる水に浸かっている。これがあってこそ、その心像の遠近感、来し方の残響、行方の予感がある。」[5] ここで伝統的心理学とは、もちろんヴントらの心理学である。そこでは桶に汲んだ水が川の一部であり、その桶の水を分析することで川は説明される。これに対して、ジェームズは桶に汲んだ水ではなく流れを見る。そのうえで彼は、川の流れに喩えられる意識を「実質的部分（substantive parts）」と「推移的部分（transitive parts）」とに分けて説明するのである。[6] 前者の「実質的部分」とは、比較的静止している心的状態であり桶に汲んだ水に相当する。後者の「推移的部分」とは、「実質的部分」を包み込んでいる悠々とした流れである。ジェームズは、この推移的部分を辺縁（fringe）と呼び、それを自らの心理学の基礎に据えている。[7]

フォレットは、このジェームズの「意識の流れ」に注目して次のように述べている。すなわち、社会における個々人は共に「合流している」状態であり、「われわれは、人と人とのつながりの辺縁に取り囲まれている。その辺縁は重なり合っていて、その辺縁の重なりによってわれわれは他者と結合している」[8] と。いわば、社会という川の中で、フォレットは実質的部分としての個人ではなく、むしろ推移的部分である辺縁としての社会的関係に注目するのである。

こうした機能心理学も、一九二〇年ごろまでには心理学における三つの新しい学派―行動心理学、精神分析心理学、ゲシュタルト心理学―に取って代わられた。そのうちのゲシュタルト心理学についてフォレットは次のように評している。「この学派によると、全体はその構成要素によって決定されるだけでなく、それら構成要素の相互の関係によっても決定される。これは新しい理論ではない。しかし、この理論は心理学の学派全体の主要な特徴として大きな影響を及ぼしつつある。」[9] フォレットは、ジェームズの機能心理学の延長線上にゲシュタルト心理学を位置づけていたのである。

機能心理学とゲシュタルト心理学の影響を受けたフォレットは、ジェームズの「意識の流れ」を個人から集団への発展的移行のプロセスに適用して循環的反応（circular response）を説いている。ここにフォレットの組織観を窺い知ることができよう。「川の流れ」に喩えられる組織は決して静態的ではない。止まることのない「流れ」は、組織メンバー間での相互作用（interacting）、統一体化（unifying）、創出（emergence）という関係性を捉えている。その様は、AがBに影響を及ぼすと、Bはそれによって変化し、その変化したBからの影響をAが受けるという行為の連鎖である。ここでフォレットは個々のメンバー間での相互作用を超えて、全体性である組織との相互作用をも指摘している。それはAとBが循環的な相互作用に入り込むと全体状況が創出され、その全体状況と各々のメンバーが相互作用を繰り返すようになるというものである。これに関してフォレットは次のように述べている。すなわち、「個人の機能が相互に関連し、その関連は限りがないものであるから、個人はそれ自体が社会全体であることも事実である。それは全体が部分に分割されるというのではなくて、ある点から見ると個人は全体だからである」[10]と。個人が全体であるという考えは、社会を自己表示活動（self-unfolding activity）や自己統一活動（self-unifying activity）として認識するときに可能であるとフォレットは言う。

レンによればフォレットの集団論は、「ゲシュタルト心理学の受容を示すものであり、クーリー（C. H. Cooley）のアソシエーションと社会的鏡を通じての社会的自己の拡大という考え方を反映していた。」[11]人間は他者とのコミュニケーションを通じて自我を形成する。人間の自我は他者を鏡として、その「鏡に映った自己（looking-glass self）」を認識することから創られるとクーリーは言う。かかる自我論はミード（G. H. Mead）に受け継がれて「一般化された他者（generalized other）」という概念で説明され、のちにシンボリック相互作用論へと繋がっていくことになる。[12]

三　ジェームズ哲学とフォレット――経験論とプラグマティズムをめぐって――

「意識の流れ」に代表されるジェームズの心理学研究は、次第に哲学研究へと向かう。科学と形而上学と宗教の統一的な知識の体系という哲学観を持つジェームズは、人間の思考の様相を、単に心理学の問題として科学的に問うのではなく、広く哲学の問題として形而上学的かつ宗教的に問うに至るのである。[13] そして『心理学原理』における意識は、『哲学の諸問題』と『根本的経験論』で「感じ（feeling）」という「知覚（percept）」と、「考え（thought）」という「概念（concept）」に置き換えられて論じられることになった。[14] 前者は、主体と客体が分離する以前の原初的素材（primal stuff）であり、後者は、主体が事物を客体化して理解する働き（概念作用 conception）を指す。われわれは、まず事物を客体化する以前に、曖昧模糊とした「感じ」でそれと融合し、次にコンテキストに応じてその「感じ」に反省を加えて事物を客体化させる。

ジェームズは概念作用が未だ働かない「知覚」の流れを純粋経験（pure experience）と呼び、これを原初的素材として世界を生成し直す作業を試みた。それが彼の根本的経験論である。ここで根本的とは、「直接に経験されない如何なる要素をも、その構成のうちに入れてはならないし、また直接的に経験される如何なる要素をも排除してはならない」[15] ことを指す。ジェームズによれば、純粋経験を素材とする世界は、「百花繚乱の中を昆虫がぶんぶん飛び回っているという状態を大規模にしたような混乱状態」[16] であり、それを如何に細かく寸断しても多即一（much-at-onceness）の光景が現れるという。

ところで、このような意識や経験への問いは、同時代の多くの哲学者の関心を呼び起こした。[17] ベルグソン（H. Bergson）もその一人である。ジェームズは自らの思想形成にあたりベルグソンからの影響が多大であったと認めているし、フォレットも「多者の意識を如何に一者の意識にするか」[18]という問題について、「現代の一部の哲学者は直観で優れている」[19]としている。ベルグソンは、生の直観によって呼び起こされた意識の流れを「純粋持続（duree pure）」と呼び、このような観点から「生の躍動（elan vital）」を人間の在りようの本質であるとする『創造的進化』を著した。フォレットは、ジェームズの純粋経験とベルグソンの純粋持続との親近性に着目していたのだろう。

ジェームズ独自の経験論的な世界観は、さらに多元論的な観点からも論じられている。『多元的宇宙』のなかでジェームズは、全体の形と部分の形との多即一の状態は、「意識の合成（the compounding of consciousness）」により出現するという。[20]日々の生活の中で多者と一者とが意識の合成を図っていくという見方は、フォレットに「諸部分を全体の中で完全に生かし、全体は諸部分の中で完全に生きるような連邦主義の類」[21]という国家論を構想させた。また、完成することなく常に創られるという可塑的な観点、いわゆるジェームズの改善論的な世界観も、フォレットのプロセス的な考え方に通じるものがある。

こうした多元的で可塑的な世界は、自ら社会を創り上げていくという人間の能動的な態度によって生成される。フォレットは、「より善い生き方」をめざす倫理的な傾向をもつジェームズ哲学に基づきながら、「生活の充実が満ち溢れた状態」[22]を体現する人間の姿を思い描いていた。そして、そこにはジェームズ流の個人的な知覚的世界から生まれる観念をも真理として認めようとするプラグマティズムを確認することができる。

周知のようにプラグマティズムは十九世紀後半に誕生し、そして現代へと引き継がれているアメリカを代表する思想である。世界は多元的か一元的か、決定論か自由意志論か、物体的か精神的か、といった形而上学上の論争を解決する方法として登場したプラグマティズムは、行為主義ないし実用主義とも称され、人間の実生活における効果を問うている。[23]ただ一口にプラグマティズムと言っても、論者によってその内容は大きく異なる。たとえば、概念の対象がもたらす実際的結果がその概念のすべてであるとするパース（C. S. Peirce）のプラグマティズムの格率を、ジェームズは拡大解釈して紹介している。すなわち、ジェームズはパースのように経験的に検証される観念の実際的結果だけではなく、その観念を信じることによって得られる実際的結果をも含めているのである。

ここにジェームズの二つの真理観が表れる。第一は、「私たちが自分のものとして受け入れ、有効と認め、確認し、検証することができる」[24]という実証的真理であり、第二は、「それを信じることが私たちの生活にとって有益である限りにおいて真である」[25]とする限定的真理である。このうち、ジェームズの真理観の特徴は後者にある。このことはジェームズの次のような言明から確認できよう。「プラグマティズムはどんなものでも取り上げ、論理にも従えば知覚にも従い、最も卑近で最も個人的な経験までも考慮しようとする。神秘的な経験でも、それが実際的な効果を持っている場合には、これを考慮するであろう。[26]」つまり、ジェームズは宗教上の観念のように検証不可能なものであっても、それを信じることが有益であり、それが満足をもたらすならば、それは「その限りにおいて真」であると認める立場をとったのである。

さまざまな民族が世界中から押し寄せるアメリカのような移民の国では、異質な価値をも認め合う文化的多元主義が培われねばならない。ジェームズの方法に従えば、精神世界から生じる特殊な経験であっても、それが生きるための活力をもたらし得るのであれば、それはプラグマティックに真ということになる。社会は如何に形成されるか。こうした問いに対し、フォレットはジェームズのプラグマティズムに導かれて、日々の生活の中で社会意識を体感しながら自己意識を発展させていくという、人々のプラグマティストたる姿を思い描いた。それゆえ、フォレットの構想する民主主義社会は、ジェームズのプラグマティズムを方法とした多元的社会として浮かび上がってくるのである。

四　おわりに

経営学におけるプラグマティズムの位置は、アメリカ経営学の思想的基盤ということで揺るぐことはない。ならば経営学におけるジェームズの位置は、パース、ジェームズ、デューイ（J. Dewey）という三羽烏のように並び称されるプラグマティズムの提唱者の一人というところだろう。そして、経営学に対するジェームズらのプラグマティズムの功績は、実践志向性をもたらしたことだとされる。しかし、本当にそれだけなのか。この疑問が本稿の出発点だった。フォレットの著書の中で、あるときは心理学者として、またあるときは哲学者としての顔を見せるジェームズは、実践志向性という狭小なプラグマティズムの枠に止まってはいない。そこで本稿では、ジェームズ心理学における意識論と、ジェームズ哲学における経験論についての考察を試みた。簡単に要約してみたい。

ジェームズは、機能心理学の立場から心的事実を「意識の流れ」と認め、そうした意識概念を哲学の問題に移して根本的経験論を確立させた。主客未分の純粋経験を核として論じられている根本的経験論は、創られる世界というプロセス観を導き、そして多元的・複合的な人間観や宇宙観を発展させた。また、「直接に経験されない如何なる要素をも、その構成のうちに入れてはならない」とする徹底した経験論は、行為による観念の真理化というプラグマティズムに帰結したのである。このことからジェームズの思想は、意識論から発展した根本的経験論と、その経験論に裏打ちされたプラグマティズムという二つの柱から成り立っていると解される。フォレットは心理学者ジェームズと哲学者ジェームズの両者から影響を受けることによって、認識論的には根本的経験論を、そして方法論的にはプラグマティズムを自らの管理思想の基礎に据えたと考えられよう。

ジェームズ流に言えば、多様な真理を追究することによって生の活力を得た人々は、互いの価値を認め合いながら、自己意識と社会意識とを合成させて世界を形成していく。「流れ」を捉えるこうしたプロセス的な観点は、ホワイトヘッド（A. N. Whitehead）へ受け継がれていると指摘する論者も多い。ジェームズ思想を基礎に統合的統一体論を構想したフォレットも、ホワイトヘッドの「有機体の哲学」を援用して、相互作用―統一体化―創出、という不断の社会化のプロセスを論じているのである。それでは有機体の哲学とは如何なるものか。フォレットとホワイトヘッドとの思想的関連の検討を筆者の今後の課題としたい。

注

（1）アメリカ経営学とプラグマティズムとの関連については、三井　泉稿「アメリカ経営学史の方法論的考察―ネオ・プラグマティズムとマネジメント思想―」経営学史学会編『経営学の巨人』文眞堂、一九九五年、一四〇頁、および、同稿「アメリカ経営学における『プラグマティズム』と『論理実証主義』」経営学史学会編『組織・管理研究の百年』文眞堂、二〇〇一年、五八―六〇頁、を参照されたい。

（2）Wren, D. A., *The Revolution of Management Thought*, 4th edition, John Wiley & Sons, Inc., 1994, pp. 256-257.（佐々木恒男監訳『マネジメント思想の進化』文眞堂、二〇〇三年、二八四頁。）

（3）フォレットの人間観にはドイツ観念論の影響があると筆者は考えている。拙稿「M・P・フォレット管理思想の基礎―ドイツ観念論哲学における相互承認論との関連を中心に―」経営学史学会編『経営学百年』文眞堂、二〇〇〇年、一五九―一六九頁。

（4）フォレットはマリノフスキーについて次のように述べている。「マリノフスキーは、人類学の分野において、文化は全体的なものであるとしている。しかも全体の中の如何なる局面でも変えてしまうと、全体を変えるような影響を必ず生じさせることになる。」Metcalf, H. C. & Urwick, L., *Dynamic Administration: the Collected Papers of Mary Parker Follett*, Bath Management Publication Trust, 1940, p. 188.（米田清貴・三戸　公訳『組織行動の原理』未来社、一九七二年、二六〇頁。）

（5）James, W., *Psychology: briefer course*, 1892, Harvard University Press, 1984, p. 151.（今田　寛訳『心理学（上）』岩波文庫、一九九二年、二三一頁。）

（6）*Ibid.*, pp. 146-149.（同訳書、二二三―二二七頁。）

（7）*Ibid.*, pp. 149-151.（同訳書、二二七―二三一頁。）fringeは包暈とも訳される。

（8）Follett, M. P., *The New State: Group Organization the Popular Government*, Longmans, Green and Co., 1918, pp. 60-61.（三戸公監訳・榎本世彦・高澤十四久・上田鷙訳『新しい国家―民主的政治の解決としての集団組織論―』文眞堂、一九九三年、五八―五九頁。）

（9）Metcalf, H. C. & Urwick, L., *op. cit.*, pp. 185-186.（前掲訳書、二五六頁。）

（10）Follett, M. P., *op. cit.*, p. 66.（前掲訳書、六四頁。）
（11）Wren, D. A., *op. cit.*, p. 257.（前掲訳書、二八四頁。）
（12）プラグマティズムの提唱者でありシンボリック相互作用論者でもあるミードや、現象学者であるフッサール（E.Husserl）と同様に、フォレットも現象学あるいは解釈学的なヒントをジェームズから受けているのではないか。近年では、ジェームズ思想の現象学的研究が進められているという。木田　元・村田純一・野家啓一・鷲田清一編『現象学辞典』弘文堂、一九九四年、五一五—五一八頁、および、三橋　浩『ジェイムズ経験論の周辺』法律文化社、一九八六年、を参照されたい。
（13）James, W., *Some Problems of Philosophy*, 1911, Harvard University Press, 1979, pp. 19-20.（上山春平訳『哲学の諸問題』日本教文社、一九六一年、二二頁。）ここにジェームズの哲学観が示されている。
（14）*Ibid.*, pp. 31-33.（同訳書、四一—四四頁。）および、James, W., *Essays in Radical Empiricism*, 1912, Harvard University Press, 1976, pp. 27-31.（桝田啓三郎・加藤　茂訳『根本的経験論』白水社、一九九八年、五三—六〇頁。）
（15）James, W., *Essays in Radical Empiricism*, pp. 22-23.（前掲訳書、四六頁。）
（16）James, W., *Some Problems of Philosophy*, p. 32.（前掲訳書、四三頁。）
（17）西田幾多郎もその一人だろう。彼の『善の研究』の基本概念である「純粋経験」や「純粋直観」は、ジェームズとベルグソンから多大な影響を受けている。
（18）Follett, M. P., *The New State*, p. 264.（前掲訳書、二五六頁。）
（19）*Ibid.*, p. 264.（同訳書、二五六頁。）この記述はベルグソンに対するフォレットの評価であると思われる。
（20）James, W., *A Pluralistic Universe*, 1909, Harvard University Press, 1977, pp. 83-100.（吉田夏彦訳『多元的宇宙』日本教文社、一九六一年、一三六—一六七頁。）
（21）Follett, M. P., *The New State*, p. 264.（前掲訳書、二五六頁。）またフォレットの *The New State*, p. 302.（同訳書、三〇三頁）には、James, W., *A Pluralistic Universe*, p. 145.（前掲訳書、二四四頁）から次のような引用がなされている。「多元論の世界は、帝国ないし王国というよりは何処か連邦共和国に似ている。」
（22）Follett, M. P., *The New State*, p. 265.（前掲訳書、二五七頁。）
（23）James, W., *Pragmatism*, 1907, Hackett Publishing Company, 1981, pp. 25-26.（桝田啓三郎訳『プラグマティズム』日本教文社、一九六〇年、三六頁。）
（24）*Ibid.*, p. 92.（同訳書、一五五頁。）
（25）*Ibid.*, p. 36.（同訳書、五九頁。）
（26）*Ibid.*, p. 38.（同訳書、六五—六六頁。）

Ⅲ 文献

ここに掲載の文献一覧は、第I部の統一論題論文執筆者が各自のテーマの基本文献としてリストアップしたものを、年報編集委員会の責任において集約したものである。

一　ガバナンスと政策

洋書

1 Alkhafaji, Abbass F., *A Stakeholder Approach to Corporate Governance: Managing in a Dynamic Environment*, New York: Quorum Books, 1989.

2 Batten, Jonathan A. and Thomas A. Fetherston (eds.), *Social Responsibility: Corporate Governance Issues*, Amsterdam: JAI, 2003.

3 Baums, T., R. M. Buxbaum and K. J. Hopt (eds.), *Institutional Investors and Corporate Governance*, Berlin; New York: W. de Gruyter, 1994.

4 Cadbury, A., *Corporate Governance and Chairmanship: A Personal View*, Oxford: Oxford University Press, 2002.（日本コーポレート・ガバナンス・フォーラム、英国コーポレート・ガバナンス研究会専門委員会訳『トップマネジメントのコーポレート・ガバナンス』シュプリンガー・フェアラーク東京、二〇〇三年。）

5 Charkham, Jonathan P., *Keeping Good Company: A Study of Corporate Governance in Five Countries*, Oxford: Clarendon Press, New York: Oxford University Press, 1994.

6 Dunlop, A. (ed.), *Corporate Governance and Control*, London: Kogan Page, 1998.

7 *Harvard Business Review on Corporate Governance*, Boston, Mass.: Harvard Business School Press, 2000.（Diamond ハーバード・ビジネス・レビュー編集部訳『コーポレート・ガバナンス』ダイヤモンド社、二〇〇一年。）

8 Hopt, Klaus J. and Eddy Wymeersch (ed.), *Comparative Corporate Governance: Essays and Materials*, Berlin; New York: Walter de Gruyter, 1997.

9 Kennedy, Allan A., *The End of Shareholder Value*, Perseus Publishers.（奥村　宏監訳・酒井泰介訳『株主資本主義の誤解—短期の利益追求が会社を衰退させる—』ダイヤモンド社、二〇〇二年。）

10 McCahery, Joseph A., *et al.* (eds.), *Corporate Governance Regimes: Convergence and Diversity*, Oxford: Oxford

University Press, 2002.

11 Monks, Robert A. and G. Nell Minow, *Corporate Governance*, 2nd ed., Malden, Mass.: Blackwell Publishers, 2001.

12 OECD, *OECD Principles of Corporate Governance*, Paris: Organisation for Economic Co-operation and Development, 1999.（酒井雷太ほか訳『ＯＥＣＤのコーポレートガバナンス原則』金融財政事情研究会、二〇〇一年。）

13 Report of the Committee on the Financial Aspects of Corporate Governance, Gee Publishing, 1999.（八田進二・橋本　尚訳『英国のコーポレートガバナンス―キャドベリー委員会報告書・グリーンベリー委員会報告書・ハンペル委員会報告書』白桃書房、二〇〇〇年。）

14 Rubach, Michael J., *Institutional Shareholder Activism: The Changing Face of Corporate Ownership*, New York: Garland, 1999.

15 Tricker, R. I. (ed.), *Corporate Governance*, Aldershot, UK, 2000. (History of management thought series 8.)

和書

1 植竹晃久・仲田正機編『現代企業の所有・支配・管理―コーポレート・ガバナンスと企業管理システム―』ミネルヴァ書房、一九九九年。

2 勝部伸夫『コーポレート・ガバナンス論序説―会社支配論からコーポレート・ガバナンス論へ―』文眞堂、二〇〇四年。

3 菊池敏夫・平田光弘『企業統治(コーポレート・ガバナンス)の国際比較』文眞堂、二〇〇三年。

4 小島大徳『世界のコーポレート・ガバナンス原則―原則の体系化と企業の実践―』文眞堂、二〇〇四年。

5 小林俊治・百田義治編『社会から信頼される企業』中央経済社、二〇〇四年。

6 佐久間信夫『企業支配と企業統治―コーポレートコントロールとコーポレートガバナンス―』白桃書房、二〇〇三年。

7 佐久間信夫編著『企業統治機構の国際比較』ミネルヴァ書房、二〇〇三年。

8 貞松　茂『コーポレート・コントロールとコーポレート・ガバナンス』ミネルヴァ書房、二〇〇四年。

9 渋谷博史・首藤　恵・井村進哉編『アメリカ型企業ガバナンス―構造と国際的インパクト―』東京大学出版会、二〇〇二年。
10 高橋俊夫編『コーポレート・ガバナンス―日本とドイツの企業システム―』中央経済社、一九九五年。
11 谷本寛治編著『ＣＳＲ経営―企業の社会的責任とステイクホルダー―』中央経済社、二〇〇四年。
12 土屋守章・岡本久吉『コーポレート・ガバナンス論―基礎理論と実際―』有斐閣、二〇〇三年。
13 出見世信之『企業統治（コーポレート・ガバナンス）問題の経営学的研究―説明責任関係からの考察―』文眞堂、一九九七年。
14 中村瑞穂編著『企業倫理と企業統治―国際比較―』文眞堂、二〇〇三年。
15 宮坂純一『ステイクホルダー・マネジメント―現代企業とビジネス・エシックス―』晃洋書房、二〇〇二年。
16 三和裕美子『機関投資家の発展とコーポレート・ガバナンス―アメリカにおける史的展開―』日本評論社、一九九九年。

二　アメリカにおける企業支配論と企業統治論

洋書

1 Berle, A. A. & Means, G. C., *The Modern Corporation and Private Property*, Macmillan, 1932.（北島忠男訳『近代株式会社と私有財産』文雅堂書店、一九五八年。）
2 Berle, A. A. Jr., *Power without Property*, New York, 1959.（加藤・関口・丸尾訳『財産なき支配』論争社、一九六〇年。）
3 Blumberg, P. I., *Corporate Responsibility in a Changing Society*, 1972.
4 Blumberg, P. I., *The Megacorporation in American Society: The Scope of Corporate Power*, Prentice-Hall, 1975.（中村瑞穂監訳『巨大株式会社―その権力とアメリカ社会―』文眞堂、一九八〇年。）
5 Budish, J. M., *People's Capitalism: Stock Ownership and Production*, New York, 1958.（正木久司訳「人民資本主義―株式所有と生産―」『証券経済』九〇号、一九六七年。）
6 Davis, K. and R. L. Blomstrom, *Business, Society, and Environment, Social Power and Social Response*, 2nd ed.

1971.（対木隆英訳『社会的責任と企業構造』千倉書房、一九七九年。）

7　Eells, R., *The Meaning of Modern Business: An Introduction*, 1960.（企業制度研究会訳『ビジネスの未来像』雄松堂、一九七四年。）

8　Eells, R., *The Government of Corporations*, The Free Press, 1966.

9　Epstein, E. M., *The Corporation in American Politics*, Englewood Cliffs, 1969.

10　Gordon, R. A., *Business Leadership in the Large Corporation*, 1945.（平井・森訳『ビジネス・リーダーシップ―アメリカ大会社の生態―』東洋経済新報社、一九五四年。）

11　Herman, E. S., *Corporate Control, Corporate Power*, Cambridge University Press, 1981.

12　Holden, P. E., Fish, L. S. & Smith, H. L., *Top-Management Organization and Control*, McGraw-Hill, 1941.（岸上英吉訳『トップマネジメント』ダイヤモンド社、一九五一年。）

13　Kotz, D. M., *Bank Control of Large Corporations in the United States*, Berkeley, 1978.（西山忠範訳『巨大会社と銀行支配―現代アメリカ大企業の支配構造―』文眞堂、一九八二年。）

14　Larner, R. J., *Management Control and the Large Corporation*, Dunellen, 1970.

15　Mace, M. L., *Directors*, HBS Press, 1986.（道明義弘訳『アメリカの取締役』文眞堂、一九九一年。）

16　Mahoney, William F., *The Active Shareholder*, John Wiley & Sons, Inc., 1993.（伊藤邦雄監訳『株主の権利と主張』中央経済社、一九九七年。）

17　Mason, E. S. (ed.), *The Corporation in Modern Society*, Harvard Univ., 1959.

18　Mints, B. & M. Shwartz, *The Power Structure of American Business*, 1985.（浜川・高田・松井訳『企業間ネットワークと取締役兼任制』文眞堂、一九九四年。）

19　Monks, R. A., "Growing Corporate Governance," Sutton, B. (ed.), *The Legitimate Corporation*, Basil Blackwell, 1993.

20　Monks, Robert A. G. and Nell Minow, *Corporate Governance*, Blackwell Publishers Limited, 1995.（ビジネス・ブレイン・太田昭和訳『コーポレート・ガバナンス』生産性出版、一九九九年。）

21　Perlo, V., *The Empire of High Finance*, New York, 1957.（浅尾　孝訳『最高の金融帝国―アメリカ独占資本の構

造と機能―』合同出版社、一九五八年。）
22 Perlo, V., "People's Capitalism and Stock Ownership," *The American Economic Review*, 1958.（名和・玉井編「『人民資本主義』と株式所有」『戦後景気循環論』合同出版社、一九五九年。）
23 Perlo, V., *Super Profits and Crises: Modern U. S. Capitalism*, 1988.（振津純雄訳『超過利潤と危機―現代アメリカ資本主義―』昭和堂、一九九一年。）
24 Roe, M. J., *Strong Managers, Weak Owners*, Princeton University Press, 1994.

和書

1 佐久間信夫編著『企業統治構造の国際比較』ミネルヴァ書房、二〇〇三年。
2 佐久間信夫『企業支配と企業統治』白桃書房、二〇〇三年。
3 貞松　茂『コーポレート・コントロールとコーポレート・ガバナンス』ミネルヴァ書房、二〇〇四年。
4 染宮秀樹「米国コーポレート・ガバナンスの展開・株主と経営者の攻防」『財界観測』一九九八年七月。
5 土屋守章・岡本久吉『コーポレート・ガバナンス論』有斐閣、二〇〇三年。
6 出見世信之『企業統治問題の経営学的研究』文眞堂、一九九七年。
7 藤井康弘・鈴木誠『米国年金基金の投資戦略』東洋経済新報社、二〇〇四年。
8 正木久司『株式会社支配論の展開（アメリカ編）』文眞堂、一九八三年。
9 正木久司「会社支配論から会社統治論へ」『同志社商学』第四五巻二／三号、一九九三年。
10 正木久司「R・イールズの企業論」『同志社商学』第四五巻第一号、一九九三年。
11 三和裕美子「株式会社における株主と経営者の関係についての一考察」『経営研究』四四巻第三号、一九九三年。

三　フランス企業統治――経営参加、取締役会改革と企業法改革――

洋書

1 Charreaux, G., *Le gouvernement des entreprises : corporate governance théories et faites*, Economica, 1997.
2 Chérioux, J., *L'actionnariat salarié : ver un véritable partenariat dans l'entreprise*, 1999.
3 Editons Légistrative, *Dictionnaire permanent*, 2003.
4 Le Joly, K. et Moingeon, B., *Gouvernement d'entreprise : débats théoriques et pratiques*, 2001.
5 Marini, P., *Rapport marini sur la loi des nouvelles régulations economiques*, 2000. www.juridix.net/cg/
6 OCDE, *Principes de l'OCDE sur le gouvernement d'entreprise*, 1999. www.juridix.net/cg/
7 Richard, B. & Miellet, D., *La dynamique du gouvernement d'entreprise*, Editions d'Organisations, 2003.
8 Ploix, H., *Le dirigeant et le gouvernement d'entreprise*, Village Mondial, 2003.
9 Viénot, M., *Le conseil d'administration des sociétés cotées*, 1995. (Viénot I). *Rapport du comité sur le gouvernement d'entreprise*, 1999. (Viénot II).
10 Wiedemann Goiran, T., Périer, F., & Lépineux, F., *Développement durable et gouvernement d'entreprise: un dialogue prometteur*, Edition d'Organisation, 2003.

四 韓国のコーポレート・ガバナンス改革とその課題

洋書（韓国語）

1 イ・ソン他『韓国企業支配構造の現在と未来』未来経営開発研究院、二〇〇〇年。
2 イ・フンギュ『韓国型企業支配構造』産業研究院、一九九九年。
3 イ・ヨンギ『韓国の企業所有支配構造』韓国開発研究院、一九九六年。
4 キム・チンス『大企業集団の所有支配構造と政策方向』韓国租税研究院、一九九八年。
5 民主主義社会研究所編『企業民主主義と企業支配構造』白山書堂、二〇〇二年。

和書

1　池　東旭『韓国財閥の興亡』時事通信社、二〇〇二年。
2　勝部伸夫『コーポレート・ガバナンス論序説』文眞堂、二〇〇四年。
3　高　龍秀『韓国の経済システム』東洋経済新報社、二〇〇〇年。
4　牧戸孝郎編著『岐路に立つ韓国企業経営』名古屋大学出版会、一九九四年。
5　松本厚次・服部民夫編著『韓国経済の解剖』文眞堂、二〇〇一年。

五　私の経営観

和書

1　日経ベンチャー編『創業者精神』日経BP社、一九九三年。
2　橋本久義・片岡信之編著『IT時代を切り拓く女性起業家たち』日刊工業新聞社、二〇〇一年。
3　P・F・ドラッカー著・上田惇生訳『イノベーションと起業家精神（上下）』ダイヤモンド社、一九九七年。
4　船井幸雄『女性の時代』ビジネス社、一九九七年。
5　松田修一・大江　建編『起業家の輩出』日本経済新聞社、一九九六年。

六　非営利組織における運営の公正さをどう保つのか
――日本コーポレート・ガバナンス・フォーラム十年の経験から――

和書

1　奥林康司・稲葉元吉・貫　隆夫編『NPOと経営学』中央経済社、二〇〇二年。
2　河口弘雄『NPOの実践経営学』同友館、二〇〇一年。
3　坂本信雄『起業時代のNPO』八千代出版、二〇〇三年。

4 坂本文武『ＮＰＯの経営』日本経済新聞社、二〇〇四年。
5 田尾雅夫『ボランタリー組織と経営管理』有斐閣、一九九九年。

七 行政組織におけるガバナンスと政策

和書

1 大塚祚保『現代都市経営論』大平社、一九八六年。
2 武智秀之編『都市政府とガバナンス』中央大学出版会、二〇〇四年。
3 辻山幸宣編『住民・行政の協働』ぎょうせい、一九九八年。
4 横浜市立大学大学院編『都市経営の科学――未来都市横浜からのメッセージ――』中央経済社、一九九七年。
5 吉田民雄『都市政府のガバナンス』中央経済社、二〇〇三年。

Ⅳ 資 料

経営学史学会第十二回大会実行委員長挨拶

齊藤毅憲

第十二回大会は、二〇〇四年五月二一日から二三日まで、横浜市立大学を開催校にして行われました。大会の会場を大学キャンパスではなく、横浜開港のシンボルとなる横浜開港記念会館としました。この建物は、国の重要文化財であり、「ジャックの塔」といわれています。ちなみに、神奈川県庁は「キング」、横浜税関の建物は「クウィーン」といわれています。横浜駅前は、昭和三〇年代以降発展した地域であり、MM（みなとみらい）21地区は新しい横浜であるのに対して、大会会場の周辺は、横浜のもっとも古い開港の地です。

統一テーマを「ガバナンスと政策」とし、レポーターにも恵まれたために、いい大会になったものと思っています。参加者も多く、会員の約半数に近い人びとに集まっていただきまして、心から感謝しています。懇親会は座席数が決まっており、事前予約制をとっておりましたので、当日ご希望の方で参加できなかった会員には申し訳なく思っています。その場での横浜中華街発展協会の会長でもある林兼正社長の中華街事情の話も最近の横浜を語ってくれたかと考えています。

終りになりますが、会員の皆様のご協力に再度、心からの感謝を申しあげます。謝々。

第十二回大会をふりかえって

海道　ノブチカ

経営学史学会第十二回大会は、二〇〇四年五月二十一日（金）より五月二十三日（日）まで国の重要文化財である横浜開港記念会館で開催された。今回は、『ガバナンスと政策―学史的・比較論的解明―』という統一論題のもと、コーポレート・ガバナンスの問題を現状からのみ分析するのではなく、経営学史の視点からアプローチすることが試みられた。

まず片岡信之会員より基調報告が行われ、「株主至上主義型ガバナンス論」と「ステイクホルダー型ガバナンス論」の学史的関係と特徴が明らかにされた。各種経営体におけるガバナンスと政策に関しては㈱飾一の岩宮陽子氏より日本の伝統文化をふまえた経営政策から新素材事業への政策展開について報告があった。また朝日新聞社の荻野博司氏からは貴重な政策提言を行ってきた「日本コーポレート・ガバナンス・フォーラム」自体のガバナンスについて興味深い報告があり、非営利組織のガバナンスの問題点が論じられた。更に行政組織に関しては横浜市港北区長の石阪丈一氏より市民、議員、首長、職員という四つの利害関係者によるガバナンスの実態が報告された。また各国のガバナンスと政策については佐久間信夫会員が、六〇年余りにわたって議論されてきたアメリカのコーポレート・コントロール論と一九九〇年代より活発に議論されてきたコーポレート・ガバナンス論の関係を経営学史の視点より論じ、また築場保行会員はフランスにおける企業統治の歩みを経営参加の歴史より解明し、それをふまえて現代の企業統治改革を明らかにした。さらに勝部伸夫会員は韓国のコーポレート・ガバナンスの実態を財閥との関連で論究し、改革の方向性が示された。

自由論題に関しては、統一論題のテーマと関連の深い報告を中心に三つの会場でチェアパーソンのコメントをふまえて活発な議論が展開された。この自由論題は、若手研究者を育成するという経営学史学会の主旨のもと報告時間も三〇分と十分にとってあり、若い研究者にとっては研究発表の良い機会であると思われる。

大会初日（五月二十一日）の理事会では総会に提案する報告事項と審議事項が検討された。総会では会則・内規の一部改正が行われ、大学院博士後期課程院生が「普通会員」から「院生会員」に変更された。また来年度の第十三回大会を関西学院大学で開催することが決定された。

大会を周到に準備し、運営され、また港町横浜ならではの懇親会を企画していただいた齊藤毅憲大会実行委員長をはじめ、横浜市立大学商学部の皆様方に衷心より感謝申し上げます。

第十二回大会のプログラムは、次のとおりである。

第二日目、五月二十二日（土）

【自由論題】（報告三〇分、コメント五分、質疑応答一五分）

A会場（一階一号室）

九：三〇—一〇：二五　松田　健（明治大学・院生）「ドイツにおける企業統治と銀行の役割—D. Weikertの研究を中心に—」

チェアパーソン・海道ノブチカ（関西学院大学）

一〇：三〇—一一：二五　小澤優子（関西学院大学・院生）「ドイツ企業におけるコントローリングの展開」

チェアパーソン・髙橋由明（中央大学）

一一：三〇—一二：二五　菊澤研宗（中央大学）「コーポレート・ガバナンス政策としての時価主義会計—M・

チェアパーソン・万仲脩一（大阪産業大学）

ジェンセンのエージェンシー理論とF・シュミットのインフレ会計学説の応用―」

B会場（二階六号室）

九：三〇―一〇：二五　髙木俊雄（明治大学・院生）「アクター・ネットワーク理論の組織論的展開の可能性」

チェアパーソン・三井　泉（日本大学）

一〇：三〇―一一：二五　小橋　勉（愛知工業大学）「組織間関係の進化に関する研究の展開―レベルとアプローチの視点から―」

チェアパーソン・辻村宏和（中部大学）

一一：三〇―一二：二五　大月博司（北海学園大学）「組織コントロールの変容とそのロジック」

チェアパーソン・岸田民樹（名古屋大学）

C会場（二階九号室）

九：三〇―一〇：二五　杉田　博（石巻専修大学）「M・P・フォレット管理思想の基礎―W・ジェームズとの関連を中心に―」

チェアパーソン・岩田　浩（大阪産業大学）

一〇：三〇―一一：二五　榎本世彦（石巻専修大学）「フォレットとデニソン」

チェアパーソン・福永文美夫（久留米大学）

【基調報告・統一論題】（一階講堂）（報告三〇分、討論三〇分）

一三：四〇―一四：一〇　基調報告：片岡信之（桃山学院大学）「ガバナンスと政策」

司会・齊藤毅憲（横浜市立大学）

一四：一〇―一五：一〇　統一論題一：岩宮陽子（㈱飾一代表取締役社長）「私の経営観―起業家として―」
司会・稲葉元吉（成城大学）
一五：一〇―一六：一〇　統一論題二：荻野博司（朝日新聞社）「非営利組織における運営の公平さをどう保つのか―コーポレート・ガバナンス・フォーラム一〇年の経験から―」
司会・仲田正機（立命館大学）

第三日目、五月二十三日（日）

一〇：〇〇―一一：〇〇　統一論題三：石阪丈一（横浜市港北区長）「行政組織におけるガバナンスと政策」
司会・佐々木恒男（青森公立大学）
一一：〇五―一二：〇五　統一論題四：佐久間信夫（創価大学）「アメリカにおけるコーポレート・コントロールとコーポレート・ガバナンス」
司会・平田光弘（星城大学）
一三：二〇―一四：二〇　統一論題五：築場保行（日本大学）「フランスにおける企業統治―経営参加、取締役会改革と企業法改革―」
司会・小山　修（札幌大学）
一四：二五―一五：二五　統一論題六：勝部伸夫（熊本学園大学）「韓国のコーポレート・ガバナンス改革とその課題」
司会・出見世信之（明治大学）

執筆者紹介（執筆順）

片《かた》岡《おか》信《しん》之《し》（桃山学院大学教授）

主著『日本経営学史序説――明治期商業諸学から経営学の胎動へ――』文眞堂、一九九〇年

『現代企業社会における個人の自律性――組織と個人の共利共生に向けて――』（編著）文眞堂、二〇〇四年

佐《さ》久《く》間《ま》信《のぶ》夫《お》（創価大学教授）

主著『企業支配と企業統治』白桃書房、二〇〇三年

『企業統治構造の国際比較』（編著）ミネルヴァ書房、二〇〇三年

簗《やな》場《ば》保《やす》行《ゆき》（日本大学教授）

主要論文 'Marchands chinois dans les temps anciens: le monde de commerçants et la gestion'『日仏経営学会誌』第一九号、二〇〇二年

'Fondamentale de la pensée gestionnaire chez Confucius et chez Mencius'『日仏経営学会誌』第二〇号、二〇〇三年

勝《かつ》部《べ》伸《のぶ》夫《お》（熊本学園大学教授）

主著『コーポレート・ガバナンス論序説――会社支配論からコーポレート・ガバナンス論へ――』文眞堂、二〇〇四年

『新版　企業論』（共著）有斐閣、二〇〇四年

岩《いわ》宮《みや》陽《よう》子《こ》（株式会社　飾一《かざりいち》　代表取締役社長）

主要論文「グローバリゼーションと私の発信」『第三七回全国大会予稿集』オフィス・

オートメーション学会、一九九八年

「経営は裸足の爪あげ」新資本主義を考える（プロジェクトNo.2‐53）『研究会資料』No.91、新資本主義研究会、二〇〇五年

荻《おぎ》野《の》博《ひろ》司《し》（朝日新聞論説副主幹）

主著『問われる経営者――コーポレート・ガバナンス最前線――』中央経済社、一九九五年

『コーポレート・ガバナンスと従業員』（共著）東洋経済新報社、二〇〇四年

石《いし》阪《ざか》丈《じょう》一《いち》（横浜市　港北区長）

主要論文「行・財政改革―横浜市の取り組み」『今日の地方自治』平成十五年度武蔵野市寄附講座特殊講義Ⅲ、亜細亜大学、二〇〇四年

菊《きく》澤《ざわ》研《けん》宗《しゅう》（中央大学教授）

主著『日米独組織の経済分析――新制度派比較組織論――』文眞堂、一九九八年

『比較コーポレート・ガバナンス論――組織の経済学アプローチ――』有斐閣、二〇〇四年

大《おお》月《つき》博《ひろ》司《し》（早稲田大学教授）

主著『組織変革とパラドックス』同文舘出版、一九九九年

『組織のイメージと理論』（共著）創成社、二〇〇一年

小《こ》橋《ばし》勉《つとむ》（愛知工業大学助教授）

主要論文「あいまい性、多義性、不確実性――組織の環境を規定する要因間の関係に関する分析――」『日本経営学会誌』Vol. 8、二〇〇二年

「フロント‐バック組織――グローバル企業の新たな組織構造――」『日本経営学会誌』Vol. 11、二〇〇四年

髙《たか》木《ぎ》俊《とし》雄《お》（明治大学大学院経営学研究科博士後期課程）

主要論文「組織における感情の新たなる視点――合理性概念のパラダイム転換――」『経営学研究論集』第一九号、明治大学大学院、二〇〇三年

松《まつ》田《だ》健《たけし》（明治大学社会科学研究所共同研究員）

主要論文「ドイツにおける資本市場とコーポレート・ガバナンス」『比較経営学会誌』第二七号、比較経営学会、二〇〇三年

「ドイツにおけるコーポレート・ガバナンス論の展開」『商学研究論集』第一九号、明治大学大学院商学研究科、二〇〇三年

小《お》澤《ざわ》優《ゆう》子《こ》（関西学院大学大学院商学研究科博士課程後期課程）

主要論文「コントローリング理論の基本構想」『関西学院商学研究』第五一号、二〇〇二年

「コントローリングの生成と発展」『関西学院大学産研論集』第三二号、二〇〇五年

杉《すぎ》田《た》博《ひろし》（石巻専修大学助教授）

主要論文「M・P・フォレット管理思想の基礎――ドイツ観念論哲学における相互承認論との関連を中心に――」経営学史学会編『経営学百年』文眞堂、二〇〇〇年

「M・P・フォレット経営思想の射程」『経営学研究』（石巻専修大学）第十二巻第二号、二〇〇一年

経営学史学会年報掲載論文（自由論題）審査規定

一　本審査規定は本学会の年次大会での自由論題報告を条件にした論文原稿を対象とする。

二　編集委員会による形式審査

原稿が著しく規定に反している場合、編集委員会の責任において却下することができる。

三　査読委員の選定

査読委員は、原稿の内容から判断して適当と思われる会員二名に地域的バランスも配慮して、編集委員会が委嘱する。なお、大会当日の当該報告の討論者には査読委員を委嘱しない。また会員に適切な査読者を得られない場合、会員外に査読者を委嘱することができる。なお、原稿執筆者と特別な関係にある者（たとえば指導教授、同門生、同僚）には、査読者を委嘱できない。

なお、査読委員は執筆者に対して匿名とし、執筆者との対応はすべて編集委員会が行う。

四　編集委員会への査読結果の報告

査読委員は、論文入手後速やかに査読を行い、その結果を三〇日以内に所定の「査読結果報告書」に記入し、編集委員会に査読結果を報告しなければならない。なお、報告書における「論文掲載の適否」は、次のように区分する。

①適

②条件付き適⑴：査読委員のコメントを執筆者に返送し、再検討および修正を要請する。再提出された原稿の修正確認は編集委員会が負う。

③条件付き適⑵：査読委員のコメントを執筆者に返送し、再検討および修正を要請する。再提出された原稿は査読委員が再査読し、判断する。

④不適

五　原稿の採否

編集委員会は、査読報告に基づいて、原稿の採否を以下のようなルールに従って決定する。

①査読者が二名とも「適」の場合、掲載を可とする。

②査読者一名が「適」で、他の一名が「条件付き⑴」の場合は、執筆者の再検討・修正を編集委員会が確認した後、掲載の措置をとる。

③査読者一名が「適」で、他の一名が「条件付き⑵」の場合は、執筆者の再検討・修正を、査読者が再読・確認したとの報告を受けた後、掲載の措置をとる。

④査読者二名とも「条件付き⑴」の場合、あるいは査読者一名が「条件付き⑴」で他の一名が「条件付き⑵」の場合、また査読者が二名とも「条件付き⑵」の場合は、執筆者が再検討・修正のそれぞれの条件を満たしたことを編集委員会が確認した後、掲載の措置をとる。

⑤査読者一名が「条件付き⑴または⑵」で、他の一名が「不適」の場合、後者に再検討・修正後の投稿原稿を再査読することを要請するとともに、執筆者の反論をも示し、なお「不適」の場合には編集委員会がその理由を確認して、原則的には不掲載の措置をとる。ただし再査読後、編集委員会が著しく「不適理由」を欠くと判断した場合は、大会報告時の討論者の意見も参考にして、編集委員会の責任で採否を決定し、掲載・不掲載の措置をとる。

⑥査読者一名が「適」で、他の一名が「不適」の場合、大会報告時の討論者の意見、執筆者の反論をも考慮して、編集委員会の責任で採否を決定し、掲載・不掲載の措置をとる。

⑦査読者が二名とも「不適」の場合、掲載を不可とする。

六　執筆者への採否の通知

編集委員会は、原稿の採否、掲載・不掲載の決定を、執筆者に文書で通知する。

経営学史学会

年報編集委員会

委員長　齊藤毅憲（横浜市立大学教授）

委員　佐々木恒男（青森公立大学教授）

委員　仲田正機（立命館大学教授）

委員　小笠原英司（明治大学教授）

委員　河野大機（東北大学教授）

委員　髙橋由明（中央大学教授）

委員　庭本佳和（甲南大学教授）

編集後記

ここ数年、コーポレート・ガバナンスに関する議論や研究が盛行している。二〇〇三年四月には「委員会等設置会社」の導入が認められ、二〇〇六年には施行予定の商法改正にも注目が集まっている。おりしも本年報の編集中に勃発したライブドアとフジテレビのニッポン放送株をめぐる買収合戦は、永田町をはじめサラリーマンの居酒屋論議から主婦の井戸端会議まで巻きこんで、あらためて「会社は誰のものか」の問題に日本中が沸き立っている。経営学史学会第十二回大会とその研究報告論文集である本年報は、そうした産業界と学界で展開されている眼前の動向の渦中に開催され、上梓されることになった。

読者はまず、片岡信之会員の基調報告論文『ガバナンスと政策』を読まれたい。この主題をめぐる問題の所在が余すところなく明らかとなろう。続いてアメリカ、フランス、韓国の実態と議論の流れについて、当該国の事情に詳しい佐久間信夫会員、築場保行会員、勝部伸夫会員が力作を寄稿している。ガバナンスのグローバル・スタンダードなるものが、決して安直には収斂するものではないことを知ることができる。

本年報の特徴の一つに、企業、ＮＰＯ、行政の各種組織体のガバナンス論を当事者の立場から展開する特集を組んだ点がある。岩宮陽子氏（㈱飾一）、荻野博司氏（朝日新聞社）、石阪丈一氏（横浜市港北区長）による各自の実践的経験を素材とした論説は、ガバナンス問題を考察する上での血肉をわれわれに提供してくれている。

本学会の若手・中堅を含む自由論題論文七点は厳しい査読を経て掲載を許可された。もとより各論稿は優れた水準にあると同時に、当該主題における議論において多くの異論を喚起する余地があり、そこにこそ各論稿の掲載意義があると言えよう。乞う、論争。

経営学史学会年報もこれで十二冊となった。十二年ひと巡り。さらに前進を期して、まずは感謝。

（小笠原英司　記）

THE ANNUAL BULLETIN
of
The Society for the History of Management Theories

No. 12 May, 2005

Governance and Policy: From the Viewpoint of Theory and Practice of Management

Contents

Preface
Tsuneo SASAKI (Chairman: Aomori Public College)

I Governance and Policy

1 Governance and Direction of Business Policy
Shinshi KATAOKA (St. Andrew's University)

2 Corporate Control and Corporate Governance in the U. S. A.
Nobuo SAKUMA (Soka University)

3 Corporate Governance in Transition in France: Employee Participation, Reform of Board of Directors and Business Law
Yasuyuki YANABA (Nihon University)

4 Reform of Corporate Governance in Korea and Its Tasks
Nobuo KATSUBE (Kumamoto Gakuen University)

5 My Management Philosophy as a Female Entrepreneur
Yoko IWAMIYA (President of Kazari-Ichi Co. Ltd.)

6 How to Maintain Fairness in the Management of Non-Profit

Organizations: Based on My 10 Years of Experience in Managing the Japan Corporate Governance Forum
Hiroshi OGINO (Asahi Shimbun, Senior Editorial Writer)

7 Governance and Policies in Local Governments
Joichi ISHIZAKA (Director General of Kohoku Ward, Yokohama City)

II Other Themes

8 Accounting Policy for Corporate Governance: Application of Agency Theory and Schmidt Accounting Theory
Kenshu KIKUZAWA (Chuo University)

9 Logic of Organizational Control Transformation
Hiroshi OTSUKI (Hokkai Gakuen University)

10 Developments of Researches on the Evolution of Inter-Organizational Relationships: From the Standpoints of Level and Approach
Tsutomu KOBASHI (Aichi Institute of Technology)

11 A Possibility of the Actor-Network Theory in Organization Study: Dynamism of the Heterogeneous Network
Toshio TAKAGI (Meiji University)

12 Corporate Governance and Role of Bank in Germany
Takeshi MATSUDA (Meiji University)

13 Controlling in German Corporations
Yuko OZAWA (Kwansei Gakuin University)

14 The Basis of Follett's Management Philosophy
Hiroshi SUGITA (Ishinomaki Senshu University)

III Literatures

IV Materials

Abstracts

Governance and Direction of Business Policy

Shinshi KATAOKA (St. Andrew's University)

There are two types of corporate governance—one is shareholders-oriented governance and the other is stakeholders-oriented one. The former depends on the ideology that business corporations belong to shareholders and the corporate management policy therefore should be solely for shareholders' profit. This type of governance is good for big shareholders and managers themselves, but not for petty shareholders, employees, general public, consumers, business acquaintances etc.

In light of this, another type of governance is to be recommended—stakeholders-oriented one. According to the idea, managers are more than deputies of shareholders. In modern corporations, shareholders retreat from owners to one of stakeholders. Managers are sort of independent from shareholders, and their assignments are stakeholder management. Under this governance, socially responsible management policy is important, being in a striking contrast to shareholders' profit maximizing policy of shareholders-oriented governance.

Corporate Control and Corporate Governance in the U.S.A.

Nobuo SAKUMA (Soka University)

The debate over who would control the corporation continued for about 60 years stretching back from the publication of "The Modern corporation and Private Property" by A. Berle and G. Means in 1932. On the other hand, the debate on corporate governance came to the fore only in the 1980's. Many people have begun to discuss corporate governance starting from Berle and Mean's management control assertion, but they usually do not consider other corporate control theories. The corporate control debate has dealt with numerous elements concerning the corporate organs, the movement of institutional investors, and others, which are also discussed in the current corporate governance debate. The purpose of this thesis is to investigate the continuity between both corporate governance and corporate control theories.

Corporate Governance in Transition in France: Employee Participation, Reform of Board of Directors and Business Law

Yasuyuki YANABA (Nihon University)

French business has been confronted with the globalization of capital, and has had to adapt its corporate governance structure to the Anglo-Saxon style. This has resulted in the separation of the presidency of a company from the general directorate, reform of board of directors, and limitations on the service of additional directors. A new security law of finance has brought about the modernization of corporate audits, transparency of management, and disclosure of compensation of officials. Also further participation of employee in management allowed the employee to express opposition to take over bids. We recognize that these are outstanding examples of French democracy. However, we wonder whether the ownership/management style of Anglo-Saxon companies can handle such difficult problems of modern society as the relationship between capital and labor and environmental problems. We conclude that business society must respond to requests of civil society and must integrate these requests within corporate governance structure.

Reform of Corporate Governance in Korea and Its Tasks

Nobuo KATSUBE (Kumamoto Gakuen University)

Corporate governance has been one of the most important issues in Korea since Asian economic crisis of 1997. It is said that poor corporate governance of "chaebol" which are large conglomerates owned by family groupes has caused such financial crisis. IMF riquired corporate governance reform to Korea, and the Korean goverment has been making an effort to restructure corporate governance system of chaebol. The basic direction of governance reform is to realize the Anglo-Saxon style of governance which is considered as "global standard". Though corporate governance system in Korea has been improved so much, and some firms have actually achieved good performance, we can not ignore several phenomenon regarding to Korean firms, for example, the increasing of posibilities for hostile M&A by foreign investors, the rising voice of anti-corporation among people in Korean society, and so on. Therefore, this article attempts to reveal to what extent the reform of corporate governance system has proceeded in Korea and to explore its tasks.

My Management Philosophy as a Female Entrepreneur

Yoko IWAMIYA (President of Kazari-Ichi Co. Ltd.)

I would like to discuss how I, a homemaker, started my own company and how the company has grown ever since. As a female entrepreneur, not only have I succeeded, but I also have gained a great deal of experience in managing a business. In this discussion, I would like to show that, during the process of the company growth, I have made efforts to come up with my own management philosophy.

How to Maintain Fairness in the Management of Non-Profit Organizations: Based on My 10 Years of Experience in Managing the Japan Corporate Governance Forum

Hiroshi OGINO (Asahi Shimbun, Senior Editorial Writer)

I have been involved with the activity of Japan Corporate Governance Forum (JCGF) since it was founded 10 years ago. Also, I have written extensively as a reporter and columnist, and have frequently lectured at colleges, about corporate governance. Based on this first-hand experience in the field, I will discuss: 1) how JCGF has been governed, especially its policy-making process; and 2) whether this particular NPO has been managed in a fair manner.

Governance and Policies in Local Governments

Joichi ISHIZAKA (Director General of Kohoku Ward, Yokohama City)

After working for Yokohama City, I have been appointed as Chief Executive of one of the wards in the city. Yokohama has been pushing forward with its numerous reform policies under Mayor Hiroshi Nakata. From this standpoint, I will discuss what the governing of the local government is like. In doing so, my goal is to uncover both similarities and differences in the approaches of governance and policymaking between local governments and business organizations.

ガバナンスと政策

――経営学の理論と実践――

経営学史学会年報　第12輯

二〇〇五年五月二十日　第一版第一刷発行

検印省略

編者　経営学史学会

発行者　前野眞太郎

〒162-0041　東京都新宿区早稲田鶴巻町五三三

発行所　株式会社　文眞堂

電話　〇三―三二〇二―八四八〇番

FAX　〇三―三二〇三―二六三八番

振替　〇〇一二〇―二―九六四三七番

組版　オービット

印刷　平河工業社

製本　広瀬製本所

URL. http://www.keieigakusi.jp

http://www.bunshin-do.co.jp

ISBN4-8309-4520-6　C3034

●好評既刊

経営学の位相　第一輯

●主要目次

経営学の巨人　第二輯

●主要目次

日本の経営学を築いた人びと　第三輯

●主要目次

アメリカ経営学の潮流　第四輯

●主要目次

経営学研究のフロンティア 第五輯

●主要目次

経営理論の変遷　第六輯

●主要目次

経営学百年――鳥瞰と未来展望――　第七輯

●主要目次

組織管理研究の百年　第八輯

●主要目次

ＩＴ革命と経営理論　第九輯

●主要目次

現代経営と経営学史の挑戦——グローバル化・地球環境・組織と個人—— 第十輯

●主要目次

経営学を創り上げた思想 第十一輯

●主要目次